文茜說 世紀典範人物之二

陳文茜——著

從平凡到不平凡的——
梅克爾、羅斯福夫人、杜魯門

本書版稅全數捐贈佛教慈濟基金會疫苗慈善專案

目錄

羅斯福夫人 美國歷史上最傑出的第一夫人

杜魯門 讓美國挑起全球霸主的平凡先生

序

與梅克爾同行

我們的世紀從文明的幻想開始，如今一步步走入野蠻。

民主的理念在二十世紀末成為普世價值。人們忽略的是這個民主價值正同時被資本主義宰割，被即將崛起的社群媒體帶上極端，沒有人願意傾聽對方。在受傷的時刻，人人看到的是自己的傷口，聞到自己濃濃的血味，也誇大自己的失落。

二十世紀的兩場大戰，重塑了世界的歷史格局：二十一世紀那些崛起的大國開始衰落，曾經崩潰的土地卻有了生機。

沒有人慶祝這是東西文化重新平衡，也沒有人認為世界正走向更好的平等。

他們說：亞洲人，偷走了我們的工作！然後把亞洲人，聚焦於一個令人討厭又無力替代其生產力的國家：中國。

美國的港口還在堵塞，千萬個層層疊疊的貨櫃如世界奇觀，但美國的總統不願面對，試圖把通貨膨漲的根本因素：基礎設施落後、民主黨無能處理碼頭工會等，轉嫁至俄烏戰爭。

於是藉機，兩群仇人，不同價值觀的敵對陣營，一起宣揚「民主治理的危機」。

羅斯福的祖國、邱吉爾的祖國，瞬間把已埋在地下的他們，變成「異鄉人」。

英美占領世界價值觀的論述，滔滔不絕，長達兩個世紀：Hey, Jude，豈止是流行音樂。

直到梅克爾現象崛起。

那是二十世紀的戰敗國，那是二十世紀屠殺民族的後代，那是一個女人，那是一個來自東德的女人。

她帶著一切卑微的符號走入二十一世紀，承繼英美從來不屑理解的德國憲法制度，分享權力建立大聯合政府，相信民主的前提是容忍，人權的前提是不分宗教、種族。

那些英美歷史及哲學文化曾經教她的事，成為她的政治準則。沒有懷疑，不只是口號。

她如此平凡，卻創造二十一世紀最閃耀的光芒。她的勝利不是來自於「征服」，而是默默地「把國家及世界利益置於個人狹隘的利益之上」，把每位美國總統就職演說的誓言變成真實的行動，而不是每四年一月二十日冰冷空氣中一段冒煙的聲音。

梅克爾下台之前已經意識到，「北溪二號」天然氣管可能引發烏克蘭戰爭。二〇二一年八月，她進行了最後一次外交訪問，試圖告訴普丁、澤倫斯基、波蘭及美國戰爭的危險。她希望澤倫斯基撤回加入北約組織的申請，除了德法早在二〇〇八年已經否決烏克蘭加入北約外，烏克蘭試圖加入北約，將讓普丁找到藉口，不惜一戰。她告訴俄羅斯，即使海外俄裔有著外人不能理解的俄羅斯悲情，但戰爭將把俄羅斯打回經濟災難的原形。她告訴克里姆林宮，美國總統拜登正是最想否決北溪二號的人物，他會希望歐洲有事，德國不得不否決北溪二號，改向美國採購液化天然氣。她和拜登政府溝通，希望美國了解德國與俄羅斯之間的北溪二號，不是為了壯大俄羅斯，而是德國必須終結占能源29％的煤炭發電，減少二氧化碳排放量。美國想要銷售的液化天然氣LNG，過分昂貴，不是德國及歐洲為了氣候變遷能源轉型的答案。

她說：我們這一代的領導人，有責任交給下一代一個安全可居住的地球。氣候正義，高於所有的正義，因為它牽涉人類集體的滅絕。

梅克爾依據承諾離開德國總理辦公室那一天，好戰的普丁政府和白俄羅斯正準備進行聯合軍演；烏克蘭總統澤倫斯基沒有接受她的勸告，他相信拜登遠超過即將退位的德國女總理；拜登政府開始持續警告俄羅斯入侵的可能性，卻沒有積極外交作為。

她走下總理之位後不到三個月，俄羅斯開戰了！

她是遺憾的？還是痛苦的？

歷史如此重複。

烏克蘭人民的嗚咽是來自東德的她，熟悉的疼痛。

她走後才一個月，德國創下二戰以來最高通膨，因為天然氣、電費大漲：北溪二號在俄烏戰爭下，二〇二二年二月二十二日，在從規劃至營建共十一年之後，完工但必須擱置。

大西洋上是一艘又一艘來自美國的液化天然氣船；烏克蘭邊界是一波又一波數百萬難民。

烏克蘭無論戰敗還是打持久游擊戰，歷史翻過去，即使是歐洲最美的港口、李斯特最鍾愛的奧德薩，它躲過了一、二次世界大戰，此次可能在俄羅斯瘋狂攻占中成為廢墟。

烏克蘭戰爭發生於梅克爾下台後三個月，她沒有發表任何意見。但我不喜歡她的遠見被人遺忘。在這個以立場看事件的年代，我們比任何時代更需要學習她的信仰：了解對手的立場及處境，找到折衷及妥協點，我們才能化解危機。

搖旗吶喊，不是梅克爾的風格，更不是她過去可以一一化解危機的關鍵。她的政治立場，剛好和當代相反。「不要想征服對方，而是說服對方。」

她走了，我們不能再擁有梅克爾的身影及領導，但至少我們還是可以擁有她的智慧。

在梅克爾之外，此書回顧了小羅斯福總統夫人的一生，以及創造二十世紀世界秩序的杜魯門。

他們都有著悲傷或是挫敗的成長故事。羅斯福夫人在羅斯福得了小兒麻痺症後，當他的眼、他的腳，探訪貧民窟、童工、田納西水壩工人……並且不忘記以自己的名字繼續撰寫專欄。她出生貴族世家，但總是衣著隨意，當上總統夫人後，沒有名牌、沒有珠光寶氣，還告訴隨扈，你們穿著如此挺拔，別太靠近我，他人會以為我是你們的女僕。

她知道羅斯福的婚外情後，為自己打造了一個女朋友空間，同時以智慧理解婚姻與愛情的真義。羅斯福總統驟逝時，她感謝那位終生陪伴先生的美麗女孩，「妳彌補了我不能給他的空缺。尤其在他罹病之後。」她知道小羅斯福把自己奉獻給國家，這是她尊敬丈夫的理由；他們的婚姻不是為了互相占有，而是一起為美國奉獻，為窮苦的人奔走，為結束戰爭而鞠躬盡瘁。

在追逐他們一生的年年歲歲中，我們習得何謂長遠的眼光，了解良知及遠見並非注定孤獨，並且依託了我們心中仍然想擁抱的價值。

於是在這些偉人的傳記敘事中，我找到了一起看時代的角度，習得自己逆境時如何自處的能力，也提醒身處順風時，你該為社會付出什麼。

三位典範人物，其中兩位數十年前都已靜靜地躺下。

杜魯門總統塑造的美國全球領導角色，至今仍在他的框架中；川普試圖走回孤立主義，但也不太明白美國下一步該怎麼走。

除了梅克爾待在她的柏林小公寓沉默不語外，當代無論多麼迷失胡鬧荒誕，世事都已與杜魯門、羅斯福總統夫人無關。

與其說他們需要我們了解他們的故事，不如說我們需要他們的故事。

在當代那麼多令人失望的政治表演裡，我們內心深處的沮喪，可以在他們的人生故事中，終而找到安慰。

原來杜魯門是這樣結束二戰、介入韓戰的……原來梅克爾曾經如此蒼白地民調只有29％支持度差點被趕出柏林……原來羅斯福夫人的童年如此不幸……原來梅克爾是為了堅持人道主義、明白德國需要基層勞動力，她為了收容敍利亞人（她反對稱之為難民），曾經被黨內外全面圍剿而狼狽承諾提前下台……

原來對不是對，輸不是輸。

原來歷史就充滿了荒謬性。

原來人民就是善良與短視的混合物。

自我的青春時期，凡偉人傳記、演說、著作：他們的淚，他們的痛，他們的冒險，他們的膽大，他們的榮耀感，他們的無私，她們的勇氣，她們的孤獨，她們的殞落，陪伴也貫穿我全部的人生。

這是我的幸福。

如果這一生我曾經無所懼怕，笑看權力得失，明白時代本來大多時刻是由誤解與荒謬組成的。

這些典範人物，一直是我的精神依託。

他們的人生以渺小啓程，以偉大結尾。如果仔細閱讀，你會發現幾乎沒有一個人從小立志當偉人。

使他們成為偉人的關鍵都是：無私。

他們的人生也往往從一個點開始：良知。

詩人說：向著月亮出發，即使不能到達，也能站在群星之中。

你以為這些典範人物，只是過去的故事，彷彿已經消失了。

死亡不是失去了生命，只是走出了時間。他們即使不活在我們的當代，卻可以透過閱讀活在我們的心裡。

我們從典範人物在歷史時刻的自處裡，找到人性的高度。

於是我們不必再相信那套邏輯，把自己的尊嚴往地底鑽，把自己的良知往黑暗裡遮蔽。

我們不必再相信所有的成功都必須靠偽裝、靠忘記什麼叫良知。這些典範鼓勵了我們，使我們相信可以選取自己內心真實的聲音。一部典範人物作品，不只是一本書。

即使自小對他們的往事即倒背如流的我，每次重讀，都好像初讀那樣，帶來啟發。

因為人，很容易在潮流中，迷失，或是附和，或是沮喪。我們都只有一生，請不要糊里糊塗地浪費這一生。

墓穴裡躺著各種不同的軀體，有人好好為自己、為堅持某些良知、為國家的榮耀，活過一生。有人只是庸俗地永遠附和他人一生。

有一種寂寞，是不為身邊的人所了解的寂寞。還有一種寂寞，是茫天地之間、無邊無際之間，人竟然只能不斷模仿他人，始終活在沒有臉孔的狀態。

「地球正一點點的疏離月亮，據說每一百萬年就會陌生一秒，早在二十五億年前，我們便開始了漫長的別離。」

你是你？還是你是當代的、大眾的、風向的、順勢的……你在哪裡？

你是否早已別離了自己？

不要輕易翻過這本書的任何一段，我相信它可以讓你的青春或是人生，留下更多瀟灑的印痕。

不必害怕，當典範人物們陪同你時，世間沒有什麼值得害怕的事。

他們不是遠方星辰，因為此書，他們正陪伴在你身邊。

梅克爾

她曾經一無所有，然後時代如紅玫瑰飄落，

柏林圍牆倒塌，帶著她邂逅從政的旅程。

犧牲、使命，是她的家庭教養；

追求自由、相信民主價值，

是她半生和宗教相同的信仰。

於是，她的從政史，

顛覆了所有西方政客的邏輯。

“她競選的口號只有一句：
為德國服務”

第一講

輕輕地告別過往

二〇二一年十二月二日，德國尚未完全入冬，秋風吹起，吹得梅克爾（Angela Merkel）的臉頰白皙，如一名剛剛誕生的嬰兒。

她穿著厚厚的衣裳，像一個純真的孩子新奇地看著正在送別她的典禮；她也像一名慈母，準備把已經長大的孩子充滿祝福地交給下一任總理。

那是她擔任德國總理的最後一分鐘，沒有淚水，只有她心中知曉的榮耀。她以一貫的訓練，克制著自己，包括她為自己親點的一首古老歌曲；歌詞描述了她的十六歲，和奇蹟般的政治生涯。

「十六歲時，我悄悄說，我想要一切，或一無所有。」

「讓紅玫瑰如雨飄落，讓我邂逅新的奇蹟，讓我開啓新的歷程，再等待我的一切，來吧。」

那一晚為她舉行的軍樂告別儀式（Großer Zapfenstreich）是聯邦

2021 年 12 月 2 日，德國為梅克爾舉行最隆重的軍樂告別儀式

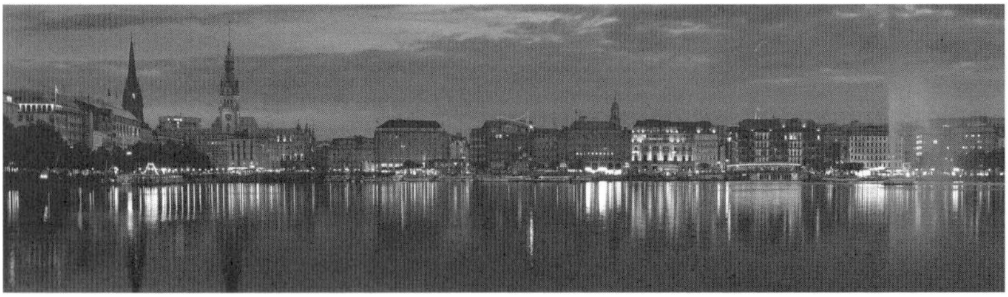

漢堡的城市天際線

德國最隆重的軍隊典禮：手持火炬的士兵、儀仗列隊行進、軍樂隊演奏。儀式上，按照慣例，梅克爾可以挑選自己心愛的樂曲，由聯邦國防軍樂隊演奏。

除了宗教歌曲〈上帝，我們頌揚祢〉，梅克爾點的這首德國影星希爾德加德·克內芙（Hildegard Knef）的名曲〈讓紅玫瑰如雨飄落〉（*Für mich soll's rote Rosen regnen*），完整細膩地敘述了她的一生。

她曾經只是漢堡出生的一名德國小孩，那裡即使戰後都仍有廢墟的殘跡。

她的牧師父親在特殊使命感之下，帶著全家人一起搬到東德一個小村落；為的是和受苦的「無神論」東德人在一起。

柏林圍牆建立時，他們失去了和所有親人相聚的機會；再見到「他們」時，已是一個又一個冷冷的墓碑。她曾經一無所有，然後時代如紅玫瑰飄落，柏林圍牆倒塌，帶著她邂逅從政的旅程。犧牲、使命，是她的家庭教養；追求自由、相信民主價值，是她半生和宗教相同的信仰。這使她三十歲在兩德統一時，放棄科學家的生涯，選擇從政。

從一個小女孩稚嫩的模樣，到舉世聞名的政治家。

2021年12月，奧拉夫·蕭茲（Olaf Scholz）繼梅克爾成為德國總理

她輕輕地告別過往，愉悅地準備迎接未知的旅程。當晚因疫情，只允許兩百人觀禮。梅克爾在寒冬夜色裡，對新任總理以及德國人說了最後一段話：

「現在將由下一屆政府為擺在我們面前的挑戰，尋找答案、並塑造我們的未來。為此親愛的奧拉夫·蕭茲，我祝福你和你領導的德國政府，一切順利，並得到最大的成功。」

「我相信如果我們不屈服於不滿、嫉妒和悲觀主義，我們可以繼續塑造未來，這就是我一直在做的事情。」

她稱即將上台的反對黨新總理為：親愛的蕭茲；並且預祝新政府成功。

十六年前，梅克爾稚嫩的走上政治高位；十六年後，她白色的臉龐、有點年紀的面孔、一片祥和純真地「**享受**」權力的落幕。

她沒有為自己的政黨失去權力哀號，當然更不可能無限上綱表示從此德國將為之滅亡。

「**政黨只是政治運作的仲介機構**」，梅克爾曾經如此冷靜且準確地詮釋政黨在民主機制應有的地位和意涵。

這本來就是民主常識，但在全球，政治已經不是使命，而是奪權、排擠及資源分配，於是德國總理的民主常識，快要變成全球唯一的民主燈塔。

面對危機重重的時代，她告訴世人：「只要我們不屈服於不滿、嫉妒和悲觀主義，我們就可以塑造未來。」

「**這就是我一直在做的事。**」梅克爾為這場她的政治告別儀式上，留下最後一句結語。

這句結語詮釋了德國民主政體在她領導之下，和其他美國、英國、奧地利等民主政體的差異。

在德國只有政治競爭，沒有國會占領。在梅克爾執政的十六年，回憶她所有的發言，沒有恨、沒有對立排擠，只有容忍異己，接受批判，甚至默默承受「來自東德的」符號標籤。

她一一收下、一一忍住。

她認為政治領袖的角色是解決問題，而不是製造問題。

她看起來好平凡。退休後的目標目前也很平凡，睡好覺，煮馬鈴薯濃湯，繼續住平價公寓。

而且，還是叫梅克爾。

小女孩和女同志的綜合體

德國女權運動領導人於《明鏡週刊》上評論梅克爾：

「她是一個小女孩和女同志的綜合體。」

這個評論非常銳利。梅克爾從政時約三十五歲，短髮、長相清麗，很像一名女大學生。

她在政壇最重要的師父是德國前總理柯爾。柯爾全力栽培她，也異常疼愛她，稱她為：「我的小女孩。」

在她成為德國基督教民主黨祕書長之前，沒有多少人注意到她；或者正確地說，注意這個「女孩」有一天會掌握大權，成為權力對手。

現在全球每年召開的聯合國氣候變遷大會以COP為代稱。二〇二一年為COP 26。二十六年前，時任德國環境部長梅克爾是COP 1的主要召集人。

即使如此重要的大會，她勝任了，卻還是很不起眼。

1991 年 12 月，梅克爾與總理柯爾（Helmut Kohl）一起參加黨代表大會，柯爾稱她為「我的小女孩」

在一個以男性為核心權力運作的德國、歐洲、西方，梅克爾的崛起本身就是一件值得深思的事情。

「**她**」們總是得從小女孩、解除擁有實權男人的防備，悄悄崛起。她的語言是少的，意見是不強勢的，她是所有「**權力爸爸**」喜愛的乖巧而努力的小女孩。

梅克爾直到她的恩人師父柯爾爆發政治獻金醜聞，才突然露出小女孩不該有的爪子。當時的她已經被柯爾「安全」地擺在基督教民主黨（CDU）祕書長的職位上，所以當柯爾陷入政治獻金醜聞困境時，柯爾得到的不是親信不問是非的背書；而是背後「開槍」。

梅克爾以祕書長身分要求黨主席柯爾辭職，這成為最後一根稻草。

你可以說梅克爾狠且無情，她小女孩的臉孔下一直藏著步步為營，等待奪權的心機。

妳也可以解釋梅克爾一生自律，她在乎大是大非。政治不是交換，錯了，就是錯誤，不論那個犯錯的人是否對自己私人有提攜之恩。

所以梅克爾是無情狠毒？還是自律堅守大是大非？

我喜歡觀察一位女性政治人物，從她如何處理私人事件著手。這不是因為女性的價值只有私情，而是在社會四面八方時時刻刻的灌輸與包圍下，女人很容易陷溺其中。能夠超越女性小情框架的女子，才能成大事。

德國了解梅克爾的女權領袖稱她是「小女孩和女同志」綜合體。後者指的不是她的性向，而是她處理從私人到公眾事務的獨立性及超越——這通常女同志比較容易辦到。當她們跨越了性別的障礙，她可以跨越許多社會體制的框架。

認識梅克爾的初步，你可能得先從她的真實姓氏開始。

她的本名不叫梅克爾，她的本名是卡斯納（Kasner），她的父親名為卡斯納牧師。所以，梅克爾是她現任丈夫的姓氏嗎？不，她現任丈夫叫饒爾（Joachim Sauer），梅克爾是她第一任丈夫的姓氏。她們的婚姻只維持了很短的時間；有天夜裡，梅克爾抱著她私人的文件、衣服、物品，駕著車，「逃」離了這個不適合她的男人。

在東德時期，改一份文件，「可以地球繞行半圈」，離開一個痛苦的婚姻已經夠倒楣，還要改一堆文件中的姓氏，「安格拉．卡斯納」小姐覺得太麻煩，她安之若無，姓氏只是一個符號。

她務實的決定，人離了就好，不必文件大費周章大改一通。

於是「Merkel」（梅克爾），跟了她的一生，進入下一段關係，以此從政，成為全球最知名的女性品牌，二十一世紀最耀眼的政治人物名號。

她本來以為那只是一個代號，如銀行帳號，結果此名如星辰，不知道多少光年後才會消失。

她好像不以為意，她的第二任丈夫也不可能說什麼。

我唯一好奇的是她的第一任丈夫梅克爾，他覺得光榮？還是倒霉？她是異性戀者；但這一點，她的獨立性，非常「女同志」。

梅克爾在全球陷入危機、經濟斷層、資本主義貧富差距、種族主義文化分裂中，可以團結德國，其中一項祕訣是：她認為政黨不過是仲介機構，轉承不同意見的人們協商、討論、傾聽。政黨絕不是宗教，想想在梅克爾眼中，如果連她的姓氏都只是符號，遑論政黨。

這種超越，不只是當代政治的超越，理性主義的回歸，這非常需要一個不被枷鎖的頭腦，抓到核心，對於任何外界無意義的抨擊，置之度外。

一個自律奉獻的牧師家庭女兒

一九四五年五月八日，希特勒自殺後八天，德國宣告投降，二次大戰歐戰部分結束。

德國的幾個大城市都成為滿目瘡痍、無法辨識的廢墟。所謂家園，此刻就是一個又一個焦黑的建築物，或者一灘碎石。德國人投降了，但也成為自己國土上的難民，在德國的東北方，他們甚且仍面臨部分蘇聯紅軍的追殺。

所有的戰爭發動都很快，結束都很難。戰爭過程中的仇恨、報復，如水中漣漪，一波又一波，一直擴散。

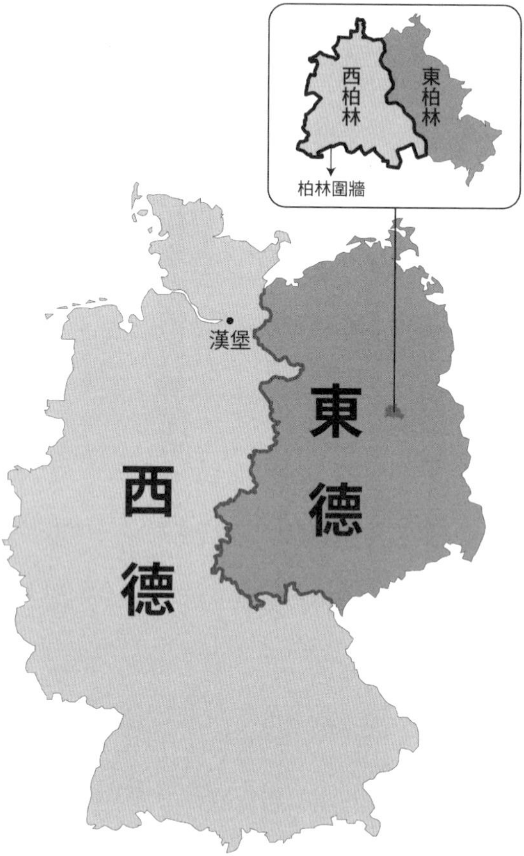

許多人以為梅克爾出生於東德，事實剛好相反。
1954 年，戰後九年，梅克爾出生於西德第二大城市漢堡，她的父母及一家人原來可以在自由世界的空氣中，安然無恙地過日子。

德國被分割成兩塊土地，一塊是蘇聯的附庸，它有一個正式的國家名稱：德意志民主共和國。當然，它一點也不民主，我們很少人記住它的名字，只簡稱它為東德。

柏林圍牆一九六一年才建起，那一年梅克爾已經七歲了。

圍牆建起的原因，正是太多東德人逃離至西德；尤其一九五三年之後。那一年東德工人大罷工，在東柏林的街頭示威遊行。他們的要求非常共產主義，提高工資，改善工作條件；另外，公平的選舉權。結果東德的共產黨政府，向他們宣布共產主義的理念不存在，但政權存在，東德宣布戒嚴並且展開軍事鎮壓。

1961 年，東德工人修築柏林圍牆

那一場鎮壓，使得更多東德人潮前往西德。根據估計，光是一九五三年，梅克爾出生前一年，共三十三萬一千名東德人寧願放棄所有的家園和工作，逃至西德。

卡斯納抵達東德後，選擇在滕普林定居、傳教

凱蒂・馬頓（Kati Marton）寫的梅克爾傳如此描述梅克爾一家，如何獨特的在此歷史大遷移中，逆向而行。

梅克爾的爸爸卡斯納（這才是梅克爾原來的姓氏）牧師於一九五四年，先離開漢堡前往東德。

兩個月之後，牧師太太荷琳德才把女兒放在籃子裡。她們先上了火車，三個小時後在布蘭登堡邦的科微卓（Quitzow），和丈夫會合。

那是一場史詩之旅，沒有人想到籃子裡的孩子未來會成為德國總理，並統治德國長達十六年。而且她從政後「來自東德」的符號，從未離開她。

卡斯納一家抵達東德；最後選擇了一個小鎮滕普林（Templin），那裡雖然是東德政府控制的一部分，但小鎮有湖泊，古老的森林，乳牛，巨石……如童話故事般的風景。

當地有鵝卵石街道、紅磚房屋，加上湖泊、森林……梅克爾曾經在另一本傳記中說：我的童年，沒有創傷。

但這些都不是卡斯納牧師選擇逆向歷史風向，來到東德的原因。

有人曾好奇問卡斯納太太：為什麼？

她的解釋：「身為基督徒牧師，我們的角色就是幫助其他基督徒。有些人為了宣揚信仰去了非洲，為什麼我們不去這個國家的另一邊呢？」

如此簡單，如此虔誠，也如此理所當然！

卡斯納夫婦除了至東德一個苦難之地傳教外，沒有任何私人理由離開漢堡。

他們抵達時，窮苦到連買嬰兒床的錢都沒有。

這位後來行事簡樸的總理睡的第一張床，是父親用板條箱做的嬰兒床。

卡斯納牧師本來就不是為了榮華富貴來到東德，他想與受苦無助的人在一起，東德先歷經了戰爭、戰火蹂躪、投降，再被蘇聯間接控制。

他們必須在自己渴望的信仰和共產政權的無神論之中，找到可以呼吸的缺口。卡斯納牧師把分攤這些苦難，當成自己的使命，並且把自己一家移到這裡，也成為受苦難者的一部分。

卡斯納牧師的妻子原來是一位教師，在這裡她被禁止教書。傳道之餘，牧師得擠羊奶，起初共用一輛小摩托車。家裡少了妻子一份薪水，

小時候的梅克爾

一家經濟更加拮据。

事實上他們有足夠的時間再逃回西柏林，逃回老家漢堡。卡斯納牧師隸屬路德教會，他們絕對有能力及權力安排他們。

但是，卡斯納牧師沒有。他之後小心謹慎地傳教，讓信仰者有依託，也讓自己的工作可以持續。

生活在此，他們當然只能一直儉樸過日子，生活中只有必需品，沒有奢侈品。

卡斯納在女兒還小的時候，就教育她：犧牲和自律的價值觀。她的父母親以生命的實踐，犧牲的選擇，給了女兒，後來成為梅克爾總理，最好的身教典範。

卡斯納精神：容忍，但不忘使命

梅克爾出生於一九五四年六月十七日，二次大戰結束後九年，希特勒舉槍自殺後九年又兩個月。

她不是一個在漢堡出生的小嬰兒而已。德國的每一個角落，每一個子民都必須承擔德國在二十世紀先崛起，然後在一、二次世界大戰發動戰爭，終而戰敗的命運。

希特勒以一顆子彈結束了自己，同時也結束了所有德國人的尊嚴。梅克爾出生前半世紀，德國是一個極致瘋狂的國家。每一次戰爭，都是侵略者，也都是自殺行為。

漢堡是梅克爾父母就讀大學的地方，母親的故鄉在但澤（Danzig），二戰結束後，那裡已經成為波蘭的一部分。

父親成為牧師，母親大學畢業後擔任英文及拉丁文老師。

梅克爾的父親卡斯納，牧師對於戰後德國被瓜分國土分裂成東西德，已經和多數德國人一樣，宿命地接受了。破產、羞恥、糧食不足。戰後至少五年的時間，德國人皆活在接近難民的狀態。

希特勒死了，他們得活下來，卑微地活著。

梅克爾後來每次面臨政治危機，德國評論家總會為她貼上「來自東德」的符號，一種根深蒂固的偏見及歧視。

但正是來自東德、而且是父親基於使命感從自由的西德把一家帶至東德的人生歷練，世界誕生了一名奇特的典範女性領袖。

卡斯納全家住在小村子，時局一直惡化，他仍然堅持當牧師，繼續傳教，但必須低調。他從未想到逃回西德，為家人及自己「謀求最大利益」。他想的是如何過著「安靜的生活」，悄悄地、低調地不負上帝的旨意傳教。

卡斯納牧師待過兩個小村落。即使在東德時期，東柏林或許變了，但到了易北河、阿爾卑斯山邊，這些小村落的長者始終堅定他們的信仰，他們需要牧師，不接受來自「柏林共產政權」的指揮。

這樣的教區，不論是卡斯納牧師先抵達的第一站易北河旁的克維佐夫，還是三年後移居的滕普林，他們一家始終生活於貧困中。

前面提到，依據東德政府的規定，卡斯納牧師夫人不能當老師，交換容許卡斯納低調當牧師。可以想像，他們在村莊裡，薪資微薄，卡斯納牧師也得做些農活，幫忙擠羊奶。一家居住的房子是平價桁木和紅磚砌成的小農屋，一樓和教區護士共用。

梅克爾（當時她的正式名字應該叫安格拉．卡斯納）常說：「我的童年沒有陰影，沒有創傷。」這說明了她的父母親對於信仰多麼奉獻及虔誠，他們不曾抱怨貧窮，不曾告訴孩子們處境有多危險、困難。

梅克爾的父親卡斯納（Horst Kasner）牧師，攝於 2004 年

當卡斯納牧師接受教會的號召時，即背起了時代的使命，他明白也預期了後果：他想和苦難的人一起，把自己成為苦難的一部分，甘之如飴。

梅克爾在這樣的教養下長大，她的從政之路因此如此不凡。那不是一般政治人物追逐的權力野心，而是使命的號召；她十六年的總理生涯不是權力的炫耀，而是使用權力解決時代的苦難。

如果東德體制下教會牧師的女兒帶給她一些特殊影響，可能和她的處事沉著有關。她比一般政治人物知道妥協，也了解妥協的重要性。她一點也不任性，不張揚，一生從不進行沒有意義的虛妄狂言或是政治演說。

正如她的父親，低調，但不忘使命在身。

一本德國作家維登菲（Ursula Weidenfeld）撰寫的梅克爾傳記《總理時代》中，敘述卡斯納一家怎麼生存下來。在他們的家裡，那是一個以神為主、接近西方的世界；在他們的窗外，是一個與西方對峙的共產社會。而梅克爾本人也懂得這種反差，並且建立一套周旋的生存之道。她把自己的學校活動和私人生活完全切開來，小時候刻意參加共產少年先鋒隊成員；回到家和爸爸讀聖經、讀漢堡外婆親戚寄來的書籍，還有躲在學校的廁所裡偷聽西德的廣播電台，那些來自自由世界的聲音。

自小就學會靜悄悄的生活，安於貧困的價值觀，懂得隱藏自己的想法，必要時才出手……這些特質，幾乎貫穿了梅克爾的一生。

她把自己藏得那麼好，沒有任何德國的政治人物在二〇〇五年前準備好接受「梅克爾時代」，那些男人們完全低估了她。

但童年的性格塑造不是使她成為一名陰沉而狠毒的政客，而是清廉、自律、權力節制、比西方的政客更相信「民主、容忍」的政治人物。隱藏術或許使她輕鬆地繞過障礙，快速爬升至高位；但卻是「卡斯納」精神，使她成為德國及二十一世紀前二十年，全球最傳奇最受尊崇的典範人物。

金錢不是她成長的價值觀

「東德不是我的故鄉，它是提供我遊戲空間的地方。」

這是梅克爾對攝影師珂兒珀（Herlinde Koelbl）採訪她時，無意中說出來的話。

東德帶給梅克爾更多的是「如何與生命和平共處」的訓練。

卡斯納牧師二〇〇一年還在世，當時兩德統一十一年，梅克爾還沒有擔任總理，但已經從政進入內閣。卡斯納牧師很少接受採訪，他提到教養安格拉的原則：「東德的束縛已經夠多了，我們在家盡力為孩子敞開空間。」

即使政治不時干擾牧師的家，但對於一個小女孩而言，父親以及到家裡幫忙的園丁，他們的鎮靜自持，都是她的模範。

卡斯納牧師挑選的滕普林小鎮被森林包圍，這使得安格拉對東德的記憶很遙遠。

她不是來自東柏林的痛苦女孩，而是奔跑於森林，在大石塊上與男孩玩伴打賭的自由靈魂。這裡有韋瓦第的四季，十一月的樹，會被剝光了葉子，然後明年春天嫩芽隨後而來。森林裡的梅克爾，踩著被瓜分為東德的土地，可是柏林發生的大多數事件，都被隔在易北河之外。

她的家境大概只能比糊口好一點，但整個村莊都一樣貧窮，金錢不是梅克爾成長中的價值觀。她信奉的價值，就是民主。

1973 年 7 月，高中畢業後的梅克爾與朋友們在篝火上作飯

根據兩德統一之後統計，柏林地區的中小學老師高達4.7%在東德體制下，為求生存曾經擔任過線民，但資料被公布後，遭到解聘的只有0.9%。因為，在那樣的制度下，妻子被逼迫出賣丈夫，弟弟出賣姊姊……當一個不合人性的制度逼迫每個人出賣靈魂，生存已經變成與魔鬼的交易。

梅克爾的父親把一家人藏得遠遠地，學習安靜地過日子，放膽在森林裡奔跑，與柏林保持距離，這是非常聰明的智慧選擇。

安格拉回憶童年，沒有什麼控訴。唯一的一次，是他們一家在她七歲時剛剛從漢堡回來。沒有幾天後，柏林圍牆蓋起了，安格拉的媽媽大哭，從此見不到外婆。由於母親哭了一整天，梅克爾的頭快炸掉了。

兩德統一那一年，梅克爾開始從政，她帶著對德國、及世界的見解，快速丟了科學家的職業，走入她早已堅定的信念。她知道是「政治」改變了她人生的點點滴滴，也只有從事政治工作，她能建立一個自己理想中的政治目標，一個更好的德國。

她未曾意識自己是「來自東德的」人代表的負面意義，直到敍利亞難民危機時，同黨領袖對她當面毫不留情面地批判，媒體對於她的嘲諷，她才意識到這是一件她未曾選擇的衣裳，卻是外界只要對她意見不同時，第一個被提出來的「外衣」：她來自東德。

當十六年總理任期屆滿前，也是德國統一三十一週年，她致詞時，把自己隱忍了十六年的不滿，一次清楚地表達。

東德：一件脫不掉的衣裳

她成長的小鎮距離柏林開車約一個半小時，有著湖、運河、古老建築、綿延翠綠的森林與遼闊無邊的天空。

所有童話故事必備的布景，都在她的故鄉。人們以為成長於德東地區的人，必然是孤寂拘謹或者不安的；但梅克爾回憶她的森林莊園成長史，總是坐在學校廁所的馬桶上，偷聽收音機報導西德內閣誰當選誰上台的消息；在森林莊的家中，她們一家收看西德的一切，自小梅克爾即對西德歷任總理的名字倒背如流。

梅克爾成為「主導歐洲」的女人之後，人們急著尋求她「領導魅力」的答案。

自二〇〇五年出任總理至今，她度過了金融海嘯、歐債危機；當經濟崩潰沖倒世界多數執政黨時，梅克爾在歷屆選舉時仍繼續高票連任，毫無對手。她成功的祕訣是什麼？

她看起來如此猶豫，如此盤算，一旦出手卻堅定立場，不因外界聲浪而動怒或動搖；她的人物圖像一向讓外界抓不住，說不準。

梅克爾和所有二十世紀我們熟悉的政治巨人如此不同，話語平淡，不以「勇者」自居，卻往往創造驚奇……她的政治有另一種想像，一種淡淡的香味，至今成謎。

她太不像傳統政治人物。

有的時候，我很想把邱吉爾從天上抓下來和梅克爾對話：前者充滿熱情、勇氣、文采、智慧、滔滔不絕。邱吉爾留下了太多名言，而執政至下台十六年的梅克爾，人們幾乎無法從她長達十六年的公開談話中摘錄一句，啟蒙人生。

二〇一四年，梅克爾代表歐洲巨人的角色在中國清華大學演講，學子們對她充滿期盼。一個德東出身的人物、物理學家，女性；跨越了層層圍牆，統治著世界文明的搖籃：歐洲。尤其那些穿著體面的歐洲貴

2014 年，梅克爾在北京清華大學演講

族們，例如薩科奇、卡麥隆，無論衣著品味多麼「優雅」，在梅克爾媽媽有點肥胖臃腫的身軀前，都像一群毛毛躁躁的「足球男孩」。

清華大學的年輕人忍不住崇拜，等待著，等著她開口。結果除了德語發音的隔閡之外，她全無抑揚頓挫的口音，平淡的內容，「可持續發展」「二〇一〇議程」……提了二十多回，最終學子在梅媽媽平靜的演說中，一一沉入「搖籃曲」，一場「不可持續的昏迷」，半數學生半數時間睡著了。

或許在一個快速且庸俗的媒體年代，這樣的政治人物，才能生存。你找不到一個標題，可以斷章取義她的話語。

她極少表態，語焉不詳；商業又醜陋的現代媒體文化，在她身上真榨不出太多好處。

於是研究梅克爾的書籍撰寫她的內容總是有若墜入迷宮，除了「猶豫、搖擺、小碎步」等形容詞之外，人們大概只能以討論她和普丁見面時「不喜歡他的狗」來吸引讀者的眼球。

翻閱梅克爾的成長過程，我注意到這個女孩自小「正向」的特質。即使在東德禁錮的年代，她也不覺得自己少了什麼。

是的，世界有一道圍牆擋住了前往柏林、巴黎、西方的路；但世界這麼大，另外半個地球已足夠一個森林莊園長大的女孩探險。

當蘇聯控制德東，甚至派軍駐防她的故鄉時，梅克爾在這個蘇聯境外最大基地感受的不是「母親的心臟被入侵者插了一根刀柄」，她利用機會與穿著制服的駐防士兵練習俄語；而且感覺頗有「異國情調」。

梅克爾的俄語無懈可擊，這不只使她當上總理和普丁談話流暢無比（包括表達不喜歡普丁的狗），也使梅克爾獲得了「俄文最佳學生」的獎賞；小小年紀她被送到東德各地旅行，尤其「前進莫斯科」。

在莫斯科，她買了第一張披頭四的唱片；十年級左右，和朋友背著背包於中歐四處火車旅行。

才十五歲，她已去過布拉格、布達佩斯、保加利亞、以及黑海之濱巴圖米（Batumi）的海水浴場。即使對西方有所渴望，小梅克爾告訴自己：「倫敦大概和布達佩斯很相似吧！」對於東德的威權控制，高中快畢業的梅克爾，有了第一次田園態度外的「放肆」，她找了一堆同學共同演一齣戲「莫三鼻克自由運動」，內容反抗外來葡萄牙占領者（諷蘇聯），而且故意以「英文」高唱國際歌，接著朗誦詩句：人應該追求自己，「否則只是一條坐在圍牆（柏林圍牆）上的哈巴狗」。

她有技巧地「打著紅旗反紅旗」，但態度搞笑。這是小梅克爾政治上第一次的「表態」方法；在政治敏感邊緣擦槍，但方式幽默。她佯裝可愛，最終完成安全的叛逆任務。

閱讀梅克爾的一生仍然是有趣的，總可以在平凡中找到一點跳躍的煙火；好像在一望無盡的森林田園中，突然遇見了一匹色彩鮮豔的馬車。

不曾遺忘的歷史

她出生的時間，已經過了二次大戰。在她的前一個世代，所有德國人都面臨自己是否應該認同「日耳曼主義」及與納粹體制如何打交道，至少平和過日子的生存之道。

德國諾貝爾文學獎得主葛拉斯在晚年，必須為他在納粹期間中的作為懺悔。

他寫道：

德國諾貝爾文學獎得主葛拉斯（Günter Grass, 1927～2015）

「我們仍然在寫作。我們靠心中的承擔來寫作，如阿多諾在他的《最低道德：對被毀壞的生活的反思》（一九五一）中所說的：奧斯維辛集中營標誌著一道斷層線，它劃下了文明史上一個無法填平的鴻溝。唯一的路徑是我們可以繞著這句禁令走。屬於我這一代的所有作家都與過去，被迫進行公開的鬥爭，無人有能力保持沉默的慾望或能力。引導迷路的德國走上正道，引導它從田園詩中，從迷茫的情感和思想中走出來，本來是作家的責任，但我們自己卻也深陷其中。」

從納粹一路存活下來的葛拉斯問柏林圍牆倒塌後的德國：

「我們，我們這些指頭曾經被燒痛了的孩子們，我們否定哲學上的絕對論，拒絕接受非黑即白的意識型態的思想者。懷疑和提出問題，是我們的教父教母，灰色地帶的多元價值觀是他們傳授給我們的聖經。」

「在奧斯維辛之後寫作——無論寫詩還是寫散文，唯一可以進行的方式，是為了紀念，為了防止歷史重演，為了終結這一段歷史。」

「介入的危險，『堅持立場的危險』，這是人盡皆知的。」

「一個作家不保持距離是令人可怕的：出自他手筆的語言不能活在人們的嘴邊；對當下事件的偏狹之見會使他胸懷狹小，訓練有素地勒住想像的鞭繩，他不能自由地縱馬飛騰；只能有疾有徐地馳騁，才能氣息平和地越過征途的險阻。」

梅克爾幸運地不用沾上納粹無邊無際的控制，但她不曾把這段歷史丟掉。

為了防止歷史重演，為了永久終結這一段歷史，她從小對民主與容忍的理念，可能比大多數人想像的深刻。

卡斯納牧師當時應上帝的召喚舉家前往東德，他以為自己該和苦難的人在一起；卻未知那樣的舉動，培養了一個冷靜、有手腕，但不退讓、持續溝通、相信容忍、傾聽不同意見的領袖。

這個現象剛好出現於美國、英國……全球所有民主國家陷入民主治理危機之時。卡斯納牧師的女兒安格拉，從鐵幕中走出來，比成長於民主社會中的人，更珍惜且深刻地認識什麼叫做「民主」。

第二講

從來不「因為愛情」

——她不以「勇者」自居，她討厭煽動的語言。——

梅克爾的本名叫 Angela Kasner（安格拉．卡斯納）；如今舉世聞名的 Angela Merkel（安格拉．梅克爾），Merkel 姓氏來自於她的第一次婚姻，丈夫烏里西．梅克爾（Ulrich Merkel）。

她很愛這個男人嗎？以至於第二次婚姻不改姓、一輩子也以「梅克爾」之名附身、名滿天下嗎？

事實是她第一次結婚時年僅二十三歲，烏里西是一位物理學家，兩人認識三年後結婚；結婚的理由非常務實，按照當地規定只有結婚才能分配住房。這一段婚姻四年後破裂，兩人形同陌路，安格拉回憶她「幾乎在一夜之間，從兩人東柏林共有的房子搬出去」，留下震驚的烏里西。

這個看似「平穩」的女子，在處理個人婚姻事件時，可沒有許多人描述的「猶豫、搖擺、小碎步」。

她直接，她了當。而她離婚了卻不改姓，因為：按照恐怖的東德制度，許多資料需要重填，太麻煩。

男人，是她生命的主要周旋對象，可是不是「因為愛情」。

就這樣吧！

她逃離了第一任丈夫，卻「務實又妥協」地保存下他留給她的姓氏。

1995 年基民黨競選海報中，安格拉即以「梅克爾」為姓參選

至於「Mr. 梅克爾」先生的下落呢？他看著昔日的妻子，走上政壇，成為全國、進而全球知名人物，名字就叫梅克爾，不知心裡的感受是什麼？

梅克爾和所有的女性從政人物最大的不同是：她身邊的男人，比影子還不重要。

她在萊比錫上大學，之後在東柏林的學術機構工作，無論在什麼場合，她的情事、她的婚姻、她的離婚、她的再婚，都是她一個人的事。除了德國對公眾人物隱私的尊重，狗仔文化從來不盛行之外，早期少數傳記還會寫一點婚姻往事；後來關於和梅克爾「黏在」一起的男性，都是她的外交對手或是盟友。例如普丁，例如她和歐巴馬（Barack Obama）的友誼，例如她在川普（Donald J. Trump）訓斥北約組織成員未履行交出足夠軍費時瞪了川普一眼，例如她和馬克洪（Emmanuel Macron）有默契地想讓歐洲走上「歐洲主權之路」……

男人，是她生命的主要周旋對象，但不是「因為愛情」。

她和第一任丈夫是因一九七四年一場前往列寧格勒與莫斯科的物理系同學會同遊認識的，三年之後結婚，那一年才二十三歲。她可不是急著嫁人，還是東歐的規定，結婚才有機會在大城中分配到住房。

離婚後，她可沒有呼天搶地、得憂鬱症。她給了自己另一趟出遊旅程，和女性朋友一起徒步行走俄羅斯南方，接著前往風景秀麗，文化迴

上：2015 年，美國前總統歐巴馬與梅克爾在美國白宮舉行記者會
下：2018 年 8 月，梅克爾與俄羅斯總統普丁在梅澤貝格宮會面

異於俄羅斯及柏林的阿爾巴尼亞、喬治亞、亞塞拜然、羅馬尼亞、保加利亞。她讓自己行走蘇聯時代統治的大片江山，暫時丟掉一切。為了完成這趟旅程，必要時，她們會睡在火車站提供給窮人的收容所過夜。

當時邊界的管制仍是個大事，安格拉．卡斯納——哦，忘了，這時她的證件已經叫安格拉．梅克爾，從小即練就流暢的俄語。一群青春少女的旅遊，其中一個剛剛離婚的二十七歲女子梅克爾負責以俄語「東拉西扯」（《梅克爾傳》上如此敘述），幫助大家順利過境。

身為量子物理學家，她也是東德在這個領域唯一的女性科學家，其他婦女都是工作於行政部門。

她的工作夥伴幾乎都是男性。

至於她的第二任丈夫怎麼相遇的？當時東德的制度，必須特別出色的科學家才可以由國家批准出國至西方旅行或是研究；這個規定直到一九八八～一九八九年東德政權快倒台時才取消。

梅克爾在她三十二歲時取得博士學位，論文謝詞中首度出現她第二任丈夫饒爾的名字。十五年後，梅克爾才和他結婚。那一年德國已經統一，梅克爾已經離開學術機構，正式從政。

饒爾先生呢？幾乎是一個沒有聲音的人。他的學術成就顯然超過梅克爾，但他完全接受梅克爾頂著前夫的姓氏。一位量子物理學家若是參懂物理世界中的流動、廣闊及潛在性，他應該不會在乎這種俗稱符號。

除非他的腦袋不太靈光，或是心態得了「狹心症」。

十六年前梅克爾就任總理，饒爾先生在研究室，沒有出席就職典禮；十六年後，梅克爾一個人穿著大衣，白皙純真的臉，看著德國政府為她舉行的榮耀儀式。那裡有她年輕時喜歡的叛逆歌曲，有如詩詞般的經典老歌。時光走過，梅克爾感動近落淚地看著這一切，也回憶一切。她上台時，還是一個人，向繼任總理致上深情的祝福。

她說著「親愛的」，對象不是先生饒爾，而是選舉政治上打敗她所屬的執政黨CDU，德國社民黨主席蕭茲。

饒爾呢？他們說那個夜晚他在家裡。他看不看德國電視台轉播？

沒有答案。It's Cool.

在梅克爾總理時代十六年，饒爾的名字特別出現兩回，一次是兩人一起參加華格納紀念音樂會；一次是在疫苗問世後，他批評德國人接種疫苗速度太慢。

我們的社會喜歡說：每一個成功的男人背後，都有一位「默默」「付出」的女人。梅克爾總理的背後，有一個默默的男人，但他們各做各的，沒有誰需要為對方犧牲付出。

梅克爾於二〇二一年十二月八日正式交出看守總理職位，接受訪問時，她提到退休後想出版一本傳記，如邱吉爾二戰回憶錄，記錄許多曾經發生的重大事件及決策過程。

我賭那裡一定不會有婚姻、私人情感的篇章。

不只德國、歐洲對於隱私權和我們的觀念完全不同，在他們看來這一點我們的文明簡直是野蠻世界。對梅克爾而言，那只是一個如同她個人偏好馬鈴薯濃湯一樣的事，有什麼值得討論？值得書寫？

她的時代已經過度「羅曼蒂克」，一個那麼龐大、看起來不可能撼動的共產體系，就這麼嘩啦嘩啦地垮了——一個嶄新的時代來臨，歐盟、歐元區誕生，一夕之間挑戰突然而降。

情、愛、婚姻……太微不足道了。

我曾經說過幾句名言被許多人引用：**女人生來不是來求偶的，而是來愛自己的。女人在愛情上花的時間精力越多，她的成就必定越少。**

德國拜羅伊特音樂節（Bayreuth Festival）開幕前，梅克爾和饒爾合影留念。攝於 2008 年

但女人很難戒掉愛情的癮，所以世界上很少有成功的女性領導人。

第三講

目睹冷戰最後一幕的三十歲女孩

如果不是成長於東德，成長於一個政治決定一切的環境，梅克爾可能只是某一個西德大學的物理教授。

她的碩士論文題目是《核物理面面觀》，受到遠在英國的科學期刊重視，正式發表於《化學物理學期刊》（*Chemical Physics*）。我看到這個履歷時有兩個感想，其一：如果走上學術生涯，她應該是一名傑出的學者。其二：梅克爾在二〇一一年日本福島核電廠災難時，立即宣布逐步廢除核能電廠，順序甚至優先於終結煤炭。這是否與她對核能的不穩定性理解有關？她和多數核能專家不同，她懂得核能卻反核能。這應該不只是當時的德國民意，還包括了她自己的專業認識。

一個人的成長歷程，就是命運。梅克爾儘管調皮，但她從父親身上學到了一種與不愉悅的體制相處的生活態度。在東德時期，她鑽研科學，一九八六年取得物理博士學位。那一年她三十二歲，完全不知時代的風，即將吹起。

一本關於梅克爾的傳記，曾經留下一張照片由她的好友邁可・辛德翰（Michael Schindhelm）保存。她和尚未結婚的第二任丈夫饒爾、摯友邁可一起慶祝她取得博士學位，他們一起喝著啤酒，兩個男人各坐一旁，她則是醉意微醺的模樣。

在東柏林的科學家梅克爾並不快樂。梅克爾成為總理之後，她身邊的人被要求凡私人之事，皆必須守口如瓶，否則他們很快就會失去梅克爾的信任。倒是八〇年代她東德的摯友，不受這些限制，使若干記者可以搜索這個謎一樣的女人，在時代大波動前的點點滴滴。

一九八〇年代的蘇聯已經長期因為軍備競賽，陷入破產的邊緣。首先出現端倪的是波蘭團結工聯，一九八一波蘭工會正式串聯成有效的反抗組織，對抗波蘭執政共產黨，他們的勢力很快烽火遍地，波共快要頂不住了。當時的蘇聯雖已式微，尚未解體，戈巴契夫也尚未上台。波蘭團結工聯主席華勒沙判斷蘇聯會以此為藉口，出兵波蘭，轉移國內

萊赫・華勒沙（Lech Wałęsa）

民眾對物資短缺的憤怒。基於一九六八年布拉格之春的教訓，華勒沙與波共政府談判，就地解散波蘭團結工聯，幾位領導人包括他自己短暫入獄，保護波蘭領土完整，避免蘇聯軍隊「踩踏美好而悲愴的波蘭土地」。這一段歷史震撼全世界，而梅克爾馬上利用她的學術訪問機會，去了波蘭。

當時的東德四處布滿線民，一位她實驗室的合作夥伴就是專門監視她的。她在波蘭拍攝一堆照片之後，回到柏林分享給這位線民好友。線民好友給安全單位寫的報告如下：「她不是異議分子，但有時候會不自覺地把自己的想法說出來。」

這樣的形容，雖然來自可惡的友誼出賣，但相當寫實了整個卡斯納牧師一家的真實報告。

梅克爾和這位叫施耐德的線民實驗室好友顯然交情不錯，她曾央請施耐德先生幫她修繕公寓，和施耐德妻子也是好友，邀請他們至鄉間父母卡斯納牧師家做客，並且分享私事。例如在她遇到第二任丈夫前和第一任丈夫離婚後，「她的幾段戀情多半會在六個月內無疾而終。」（來自安全局梅克爾檔案）

一個插曲。一九九〇年，東德圍牆倒塌之後一年，許多檔案一一被公布。很多夫妻因此離異，父子斷絕往來，因為他們赫然發現出賣他們的線民，就是同床共枕的妻子，或者同屋的父親。梅克爾當上總理之後，關於她的資料被許多記者大規模公布，其中包括了上述這位實驗室科學家好友施耐德。媒體問梅克爾的感想，她只說：「我沒有生氣，但有些失望。」輕輕帶過。

那個時代，由於蘇聯所帶領的半個地球經濟體瀕臨破產，一年好像十年、二十多年，好似一個大世代，生活其體制之下的人，幾乎適應不來所有的轉變。而且媒體不會刊登真相，你總是得從莫斯科回來的人，才能打聽到真實的訊息。

一九八五年戈巴契夫在這樣的背景下上台，他頭上的胎斑，好像一個歷史印記，他是來結束一個時代，開啟另一個時代。戈巴契夫喊出「Glasnost」，政治改革！這當然震撼了近七十年的共產世界。

一九八五同一年，梅克爾好友邁可出現了。他不是來當線民的，他來告訴梅克爾陰鬱的東柏林外俄羅斯的真實狀況。他的名字叫邁克·辛德翰，他在俄羅斯西南（Voronezh）大學學了四年量子化學，他也告訴梅克爾許多關於莫斯科的第一手消息。

五十四歲的戈巴契夫正在改造蘇聯，真實的莫斯科本身已是「悲劇」，缺水，冬天極冷時沒有暖氣，政府發不出工資給煤炭、石油、天然氣工人，也沒有足夠糧食。那不是一個可以對抗西方的帝國，而是又冷又餓又虛弱的體制。聰明的邁克雖然學的是量子化學，他比全球領袖都早一點看到結局。他告訴梅克爾：「你可以感覺到這是冷戰的最後一幕。」

1985 年，戈巴契夫（Mikhail Gorbachev）上台。他提出政治改革，震撼整個共產世界

這時的東柏林遙望著西柏林，一步之遙咫尺天涯，大後方是即將大改革但未必成功的莫斯科。歷史在這樣的震盪中，有太多可能性。一個是溫和的政治改革逐步開放，其次是失敗的改革孤注一擲，發動毀滅性

戰爭；最不可能想像的是人民和平示威，政府自動認輸，投降了！

梅克爾判斷及渴望的是第一個可能性，一九五四年出生的她，在監控的系統下，生活了快三十多年，不可能渴望太多，她期盼政治逐步的開放。

她從來沒有想到，自己拿到博士學位，學術生涯剛起步，柏林圍牆就倒塌了！

橫亙她半生的「冷戰」，突然結束了。

它殞落得那麼慢，卻消失得那麼快！

從一九八六～一九九一年，世界歷史的演變速度，如一瞬間即劃過天邊的流星。

梅克爾從好友邁克那裡得知莫斯科的真相，當戈巴契夫在一九八五年三月當上蘇共總書記並和雷根總統結為和平盟友之後，時代的氛圍出現了轉機。

事實上在此四年前，美國還很懼怕自己不是蘇聯核子戰爭的對手。美國雷根總統在一九八一年一月當上總統前不久，驚訝得知美國並沒有攔截防禦核武飛彈的軍事裝備，他嚇壞了，他告訴身邊的人：「這麼一來，我們只能彼此毀滅了？」

他不是和平主義者，這位出身好萊塢的總統突然發現這可不是英勇西部電影，比賽誰槍拔得快，射擊準，而是一旦對決，雙方俱亡。他開始思考停止軍備競賽，呼籲兩大超強削減核武儲備。

戈巴契夫面對蘇聯經濟破產，也希望消除軍備競賽帶給蘇聯沉重的負擔，他立即同意雷根總統消除核子武器的呼籲。

戈巴契夫總書記和雷根總統的想法高度一致，雙方合作，從削減陸、海、空的核彈數量開始。

蘇聯開始允許越來越多的公民自由和部分經濟改革，幅度之大，遠遠超過世人的想像。這個封凍了近七十年的極權國家，從一九八七年到一九九〇年間，與美國從雷根到老布希總統，針對限制中程及戰略性核武、限制傳統武器，簽訂了多項協定。

當時的梅克爾長得像一個青春洋溢的小女孩，有些稚嫩。眼睛大大的，穿著褲裝，如一名好奇的孩子，如領著不敢置信的禮物。她看著蘇聯及東德每月都有新政策。新開放的措施，使生活如跳躍的音符。沉悶的三十五年，就這樣，沒有戰爭，沒有起義，那個不可一世的政權就這樣……垮了？

根據邁可的回憶，每日「長日將盡，我常在安格拉家中待一個小時左右，她煮著土耳其咖啡，我們天南地北地聊。」安格拉・梅克爾好奇戈巴契夫所謂「重建」和「市場開放」具體指的是什麼？

這很像日後的梅克爾，對於細節、定義、制度……窮追思考。

在這個過程中，她向上級提出申請，要求參訪，也就是她的出生地漢堡。

她被批准了！從柏林圍牆建立，一九六一年，二十五年後；從她七歲到三十二歲，過了二十五年，她第一次回到了「故鄉」。

她見識了西德的製造業、汽車工業、高鐵、高速公路……買了幾件時尚的外套，也為當時尚未結婚的男友饒爾買了幾件襯衫。

回到東柏林，她的結論很果斷且具體：「東德必亡。」

只是當時她不知道那個滅亡的過程會經歷什麼？她希望不要流血，自己也不願走到前線，她等待克林姆林宮接下來要發生什麼事？

歷史是偶然，也是必然。梅克爾想了許多可能的歷史途徑……

歷史的結果與她想的完全不同。柏林圍牆，一個晚上，一個錯誤訊息，之後，就「倒塌」了。

她如此措手不及，以至於某一本傳記敘述當天她正好和姐妹淘們一起泡芬蘭蒸氣浴。

體悟一個政權失去民心時，可以多麼脆弱

人常常忽略歷史的共通性。一九六八年五月，法國鬧起了學潮，鬧什麼？或是為何搞社會運動？還沒有答案，已經莫名其妙地結束。但這場戰後嬰兒潮世代的抗爭，很快地往北傳到布拉格，往大西洋影響了美國反越戰運動。

一九八九年十一月九日，柏林圍牆也是如此。為什麼倒塌？為什麼不是一九八七、一九八八、一九九〇，而是一九八九年？共產主義垮台是歷史的必然，從戈巴契夫上台前早已注定，蘇聯的經濟破產，使答案早已揭曉。差別是劇情怎麼發展？

一九八九年先是波蘭團結工聯主席華勒沙嗅覺了蘇聯政權搖搖欲墜，一九八〇年他保存的工會實力迅速地串聯起來，加上傳統勢力的天

主教徒，共同結合為一股強大的反蘇聯反波共的社會運動，他們主張非暴力的抗爭模式，五十萬民眾上街，持續和平示威……最終波蘭共產政府開始和團結工聯談判，同意於一九八九年先進行席次一半的選舉。結果這場有限的選舉，共產黨候選人被徹底擊敗。一九八九年八月底，波蘭共產政權只好和團結工聯組聯合政府，華勒沙在十二月當選總統。

在華勒沙當選總統前，團結工聯的成功抗爭事件鼓舞了其他東歐、中歐共產國家民眾。各國反對團體瞬間蹦出來，這遠遠超出戈巴契夫，也超出美國的預期。最後東歐的共產政權一一垮台，柏林圍牆在十一月九日的瓦解，是整個共產主義滅亡最象徵性也最高峰的時刻。

當一個政權失去民心時，可以多麼脆弱？

革命的種子早已落在多數人的心中，甚至包括東德的軍隊和警察。「這一切令人熱血沸騰，教我不知疲倦為何物……我渴望行動。」身處關鍵時刻的梅克爾，每天看著她五年前難以想像的局勢發展，那一年她才三十五歲，她們都在等待時機——所有的情勢都告訴眾人蘇聯老大哥自身難保，東德政府已經沒有靠山，人民只要勇敢站出來，和平表示不滿，不必槍林彈雨、也不必流血。

1989 年 11 月 9 日，許多民眾爬上柏林圍牆頂上

結果劇情完全不是以偉大動人的方式書寫，而是一名東德政府發言人說了一句錯話，他的尾音才落下，下午至晚上已經有五十萬人聚集在柏林圍牆。

這位東德發言人在一場例行記者會上少條筋回應記者的提問：前往西柏林，日後是否需要申請？他淡淡地說：「不需要！」當場記者大為震驚，繼續追問，這道命令何時生效？他回答了一個歷史性的單字：「Sofort。」（即刻生效）

他為什麼如此宣布？後來幾乎沒有人追究討論……因為電視播出的下一分鐘，已經有近千人聚集在街上……然後很像縮時攝影，螞蟻雄兵，夜間已聚集了五十萬人。

一個「偽」霸權，十年前還監視著五分之一人民的威權體制，就這樣三言兩語，Sofort……潰堤了！

數十萬軍警的國家，一下子崩垮了。沒有人被逮捕、沒有實施宵禁，更沒有槍聲。大勢已是如此，權力核心的人們心中有數，敗了，那個依據馬克思部分思維建構的世界，完全敗在資本主義手下。

十一月九日晚上，東德國營電視節目也如造反般現場轉播柏林圍牆

一台起重機正在拆除一段柏林城牆，攝於1989年12月

實況，沒有三令五申的政府警告……之後幾天，亦復如是。

日子一天天過去，平靜又不可置信的局面擺在眼前。

安格拉感到未來在她的眼前閃爍，她開始思考：從政之路，放棄科學家的角色。

歷史時刻來了！

歷史性的那一刻，來臨了！

在柏林圍牆事件之前，科學家安格拉已經非常渴望西方的自由價值，她之前一度動念「六十歲退休後」申請移民至西柏林。她的雙親不以為然，最後她打消了念頭，原因是：「只要想到有一天我可以拿到一本西德護照，東德會讓我不可忍受。」為了維持心情平靜，三十二歲的她務實地在自己內心築起了柏林圍牆，不要渴望，以免痛苦。就這樣她在東德度過了三十五年認命的人生。

習慣了，她安穩的生活於德國東北荒寂的風光，準備在這裡耗上一輩子。

歷史時刻來了！就在她心中放棄申請西柏林護照後三年，柏林圍牆倒了。

梅克爾不是天縱英明型的人物，她的沉穩多過於遠見：這和邱吉爾剛好相反。

柏林圍牆倒塌那一天，她不但沒有親臨現場，參與反抗，也沒有守住電視廣播。

一九八九年十一月九日，歷史性的一天，梅克爾正和一群女性朋友約好，享受蒸氣浴。她渾然不覺那一年從年初開始的波蘭團結工聯……已經預告了後來驚天動地的歷史變化！

她在一片迷霧的蒸氣浴中，正和女友聊著生活中的瑣事。直到走出蒸汽間，一名櫃台的女士告訴了她這個天大的消息，她才知道世界已經變了。

當然，那個時候的她不會預知這個事件包括了她後半人生的全盤改寫。

一個平凡無奇、壓抑自己渴望西方價值的女人，三十五歲，踏出了芬蘭蒸汽室後，很快地改寫她的人生。

那一夜，她沒有回家，也不是前往柏林圍牆。她跟著一群人，穿越已經沒有人站崗的檢查哨，進入西柏林。

那是她三年前的夢想之地，以為自己此生永遠到不了之處。不知不覺中，她走進一間屋子，她並不認識屋子的主人，她介紹自己來自東德，主人和她歷史性地敬了一杯酒……之後什麼念頭也沒有，街頭到處是狂歡的人，那一天東西柏林徹夜未眠。而她，只是靜靜地回了家。

她錯過了歷史時刻，但即時到了西柏林與陌生人乾了一杯，所有的歷史都將改變，從此改寫。

她決定深思，自己的下一步人生。

她不急著衝至事件現場，「鋤頭」是為了深墾未來的時代，不只敲下圍牆上的磚牆。

梅克爾好好睡了一覺，一個月之後，她透過教會牧師介紹，邁出政治的第一步，加入「民主覺醒黨」。

第二年，三十六歲，她向任教的大學請長假，成為政黨新聞發言人。她開始全職走上從政之路了！

這位向來不求快的女人，這會兒動作一點也不慢。她遵循自己心中的理念，可慢一步，可快一些。

就是這樣忽慢忽快的速度，一生不變對自由價值的堅定，關於自由從來不因權位或利害關係而放棄的女性，在二十一世紀成為典範。

儘管她錯過了柏林圍牆倒塌的歷史時刻，而且人泡在芬蘭浴中。浴池的迷霧，沒有真正擋住她的眼睛。

東德：我們的主人已死

日子不是一天天溜走，而是一日又一日翻頁。從一九八九年十一月九日柏林圍牆倒塌到兩德統一，只花了不到一年。

西德總理施密特形容此過程猶如「**大爆炸**」（big bang approach）。梅克爾即使出生於漢堡，成長過程中一路偷聽西德廣播，她那麼渴望西柏林，也那麼震撼四十年分隔後，兩地如兩個世界。

她後來告訴訪問者：「在柏林圍牆倒塌後幾天，我到波蘭參加科學研討會，那裡，我聽到有人說，下一步，就是德國統一。這句話教

1974～1982年任西德總理的施密特（Helmut Schmidt）

我吃驚！」

歷史有時候是停滯的，有時候是如飛箭的。德國的情勢發展如光速時光機。圍牆倒塌後一個月，一九八九年十二月東德人民議會修憲，將《馬列主義政黨領導條款》從國家綱領中移除，並遣散所有祕密警察部隊（Stasi）。隔年三月十八日舉行大選，長期執政東德的「統一社會黨」（SED）第一次落敗，政權拱手讓給東德基民黨（CDU）。

五月十八日，東德新政府與西德簽署國家條約，條約規定了兩德將建立貨幣、經濟和社會聯盟，七月一日條約生效。東德馬克正式廢除，雙方貨幣以二：一的比例將東德馬克兌換成西德馬克。東德的人民，瞬間既獲得了極大的自由，又取得了比自己原財產雙倍的財富，這使得統一變得非常順利。

一九九〇年七月二日開始西德馬克成為兩德統一共同的貨幣。七月六日兩德開始就第二個國家條約進行談判，條約規定了兩德統一的原則、方式和時間，以及兩德統一後的政治制度等。最終一九九〇年八月三十一日東德人民議會就以二九四票對六十四票，同意簽訂《統一條約》。同日東西德簽署了第二個國家條約，條約規定，東德設置的

1990 年 10 月，德國民眾在國會大廈前慶祝統一

Hier waren Deutschland und
Europa bis zum 10. Dezember 1989
um 10:15 Uhr geteilt.
在所有曾因東德與西德邊界而遭分隔的道路上，可以找到這個告示牌：在此處，德國與歐洲曾處於分裂狀態，直至 1989 年 12 月 10 日上午 10 時 15 分

五個邦，均遵照《德意志聯邦共和國基本法》第二十三條集體加入德意志聯邦共和國，實行三權分立的多黨制議會民主制度。隨後，條約於同年九月二十八日同時在東、西德刊登憲報；九月二十九日生效。

一九九〇年十月二日東德政府機關停止工作，西德接收了東德的駐外使領館；十月三日，兩德統一慶典在柏林舉行，兩德正式宣布統一。

這時的梅克爾迫不及待雀躍地參與一九九〇年十月三日交響樂團領奏的慶祝統一音樂會。

走上台階時，她望見了維護秩序的警察，此刻他們穿著西柏林警察的制服，意義如此不同，沒有人需要懼怕、被攔截、檢查護照。

指揮家伯恩斯坦（Leonard Bernstein）在柏林圍牆倒下後前往柏林演出，並將《歡樂頌》歌詞改為《自由頌》

在此之前，一九八九年十二月二十五日，美國著名指揮家伯恩斯坦指揮各國組成的大型交響樂團和合唱團，演奏貝多芬的《第九交響曲：歡樂頌》。樂團的成員包括兩德傑出的樂團，以及來自美、英、俄、法總共八支交響樂團／合唱團（合唱團部分包括：巴伐利亞廣播合唱團、柏林廣播合唱團、德勒斯登愛樂兒童合唱團；管弦樂部分則有巴伐利亞廣播交響樂團、德勒斯登國立歌劇院管弦樂團、列寧格勒的基洛夫歌劇院管弦樂團、倫敦交響樂團、紐約愛樂樂團以及巴黎管弦樂團），多達數百人的交響音樂成員聯席演出，一場前所未有的音樂會。為了突顯「自由」主題，音樂會的發起者刻意將原來貝多芬根據偉大詩人席勒的長詩《歡樂頌》所創作的第四樂章中所有「歡樂女神」的詞句，全部改為「自由女神」。

但分裂四十年，兩德的不只貧富差距極大，社會地位也大為不同。統一後的德國，政治氛圍凌駕於經濟現實及社會心理之上。

時任總理的柯爾，成為統一德國的歷史性人物。他曾真心地認為好好提拔東德的人材，此外給予優渥的貨幣交換條件，加上市場機制，他希望東西德能迅速縮小經濟的差異。

但統一之後三十年，至今仍非如此。

如果梅克爾比一般政治人物有遠見，她在一九九〇年十月三日柏林愛樂廳統一音樂會當天踏上台階，看到警察時，已經預知那複雜的未來。東德人既有對未來的期盼，也帶著過去的記憶。每一步路都摻雜著複雜的味道，像一份可口的甜點，卻噴上了有點苦澀的巧克力。她說不上來，她只是意識到自己的腳步心跳，和西德人昂然自信走入音樂廳的模樣，有著不同的節奏。

她曾經告訴西德友人：「我們可以學習，變得和你們一樣，但你們無法理解我們——因為我們曾經的『主人』已經死了。」

梅克爾如果比一般政治人物隱忍，是「來自東德」這個身分，從此貼在她的身上，標籤不曾撕下，長達三十年以上。她一一忍下，直到下台前才語重心長地訴說「**那些西德人不曾明白的事**」。

即使她出任總理之後，已經統一十五年了，梅克爾任何重大爭議政策，都會被出身西德、自以為是的記者說上兩句：梅克爾之所以這麼做，因為她來自東德，所以……

尤其是敍利亞難民政策。

她一直隱忍，直到二〇二一年十月，她正式光榮地依法交出總理職位時，才一一敘指東德人在過去統一三十年的屈辱：

「有一群人，是理所當然的德國人；另一群人，卻得不斷地透過實踐、行為……才能證明他們真正屬於德國的一部分。他們在自己的土地上，並不被承認，他們被另眼看待。『被質疑』是他們最熟悉的『德國護照』。」

第四講 從政

德國的巨變，改變了梅克爾的人生抉擇，她知道所有年少時期曾經的壓抑、牧師父親的犧牲、卡斯納一家的聚與離、當年望著鐵絲網從此見不到家人的母親的嚎哭聲……包括東德的落後，一切都與政治有關。

她離開科學學院，投入政治。

這和許多人追逐權力高位不同，梅克爾知道權力宰制了每一個人，當你想讓世界更好時，你必須手中有權力。梅克爾參與政治的初衷，和父親卡斯納牧師自漢堡移居至東德一樣，那是使命感的驅使，而不是個人榮耀的追逐。

這使她注定成為世紀典範型的政治人物，而非庸碌追逐權力的平凡政客。

二〇二一年底，當梅克爾即將卸任當了十六年的總理，德國舉行大選，全球媒體為追逐這位二十一世紀的傳奇人物，聚集柏林報導大選，尤其一直掌握世界話語權的美國媒體，他們驚訝地發現梅克爾完全欠缺一個政治領袖該有的魅力。她說話如此無趣平淡，「連拜登（Joe Biden）都比她有煽動力。」這位傳奇世紀總理在美國記者的評價是：只有德國的選舉制度及文化可以產生梅克爾；她在美國，連眾議員都選不上！

好吧！梅克爾的政治第一哩路是怎樣開始的？

那一年她才三十五歲，她第一個參加的是德東地區的「民主覺醒」黨，這個黨幾個月後在兩德統一前，與基民黨合併。「民主覺醒」黨主席施努爾（Wolfgang Schnur）回憶他對梅克爾的印象：

「她很含蓄（後來好像一直如此）。謙虛，看起來不到三十五歲，穿著燈蕊絨長裙，腳踩羅馬涼鞋，剪了一個齊眉瀏海的『荷蘭男孩』頭……她走入辦公室，看到角落有一些未整理的密封箱子，即捲起袖子，把箱子內的零件拿出來，組裝成兵荒馬亂、政黨草創時期第一部電腦。」

「剛開始幾天，她不太說話，介紹自己原來在科學院工作，她沒有炫耀自己年紀輕輕已有博士學位，多數時刻她安靜地傾聽大家說話。」

就這樣，沒有宣言，沒有日記紀錄，沒有偉大口號，梅克爾走入了政治。

「民主覺醒」黨主席對她的政治描述非常細膩，而且鋪陳了未來的梅克爾現象。首先行動派，其次必要時主動出擊，還有她不喜虛榮，寡言且少語。

她一個人走進「民主覺醒」黨，沒有誰同行，不依賴男性，也無須閨蜜做陪。之前我曾引用《明鏡周刊》訪問德國女權運動領袖對梅克爾的評語：「她是女同志與小女孩的結合體。」

三十五歲，她看起來比實際年齡小，清秀的臉龐上是個荷蘭男孩瀏海頭。她有主見，但深沉。此外，她對政治抱持著一定的使命感，這使她不急著自己上台、成名、出頭，那樣沉默又行動迅速的她，像個小孩。掌權者不會提防她，只會重用她。而她的科學家腦袋，使她試圖將理性思維帶入政治的辯論上。當她坐下討論桌上準備辯論時，她換上另一個面孔。她理性思考、步步推演的能力，折服了大家。

會議桌上的她，是不會「閉嘴」了。她會傾聽，然後提出疑問，然後挑戰對方的結論，直到你可以用理性說服她。

安格拉是一名效率工作者

我常常被要求評論政治人物，有些時候評語完他人，也會回頭省思自己。

大多數政治人物最常犯的錯誤，是選擇了不適合自己的角色。梅克爾從政的第一步也是如此，她的模樣清新，深得人喜愛，但她居然被趕鴨子上架，擔任了「民主覺醒黨」的發言人。

梅克爾所有政治能力最糟的是她的口才與反應。當媒體和這位短髮女孩打交道時，再急迫的重大新聞，她的回答往往令人昏倒：「**我得先思考一下。**」

過了一陣子，答案還是石沉大海，她不輕易表達意見，當然也欠缺機智的反應。

但她卻從一開始，已經證明她是非常出色的幕僚。當時和她共事的人回憶：「如果有一份文件請她隔日上午十點前完成，她會不惜熬夜，第二天清晨六點五十九分，在辦公室主任七點上班前一分鐘，擺在你眼前。」安格拉是一名效率工作者，鍥而不捨。如果有些事情，她很久才完成，或是才做決定，那不是行動力的問題，而是她覺得局勢尚未明朗，她需要更多時間，或者她已見到答案，但她認為以時間換取更多的討論，才能找到共識，避免失敗。

時快時慢，有效率但自制力甚高。安格拉．梅克爾女士一踏入政壇時，已經具備了這些看似矛盾，但卻非常重要的政治能力及雙重特色。

兩德統一前後，幾個因素迅速地將梅克爾推向政壇的關鍵地位。首先，她「來自東德」，她是牧師的女兒，這樣的人不會選擇社會主義政黨，對於她而言，遠離「共產」皈依「宗教」，是一生的志向；她喜歡「民主覺醒」四個字，參加了一個柏林圍牆倒塌後東德的一個小黨，接下來她當然支持這個小黨和「基督教民主黨」（CDU）合併。當時基民黨是德國的執政黨，梅克爾很快地有機會進入權力核心。

其次，所謂「時勢造英雄」，這回是造「英雌」。德國既然統一，

1990年，短暫出任東德總理的德邁齊爾（Lothar de Maizière）與梅克爾

總理柯爾的政府部門必須有幾位「來自東德」的人，代表德東地區的人，也代表他們真正地成為德國的一部分。梅克爾那麼年輕，本來也是不適任的發言人，但在她之前幾位東德政壇大哥，也算是她在「民主覺醒黨」的啟蒙者，卻在一九九〇年德國的「轉型政治」「檔案公開」後，被發現他們皆有不光彩的過去，與東德安全部往來密切，或者是告密者，或者是拿安全局的黑錢辦事的人。這裡頭包括兩位「民主覺醒黨」的前後任黨魁，其中包括一名曾經是著名的人權律師施努爾，一位退下來的祕密警察高層毫不留情地揭露他其實是東德安全部的線民。

根據當時的報導，當事情炸開來時，黨主席施努爾焦躁不安地扭著雙手，不知道如何面對公眾。梅克爾則不發一語，她沒有替主席辯護，也沒說什麼「歷史共業」的廢話，她板起臉孔，把所有記者趕出「民主覺醒黨」總部，不發一語。門關起來，再見！

總之，當東西德一步一步、十個月內走向統一的過程中，梅克爾前面的幾號政治人物，一一陣亡。她在統一之前幾個月，已被任命為東德民選政府副發言人。選擇她的人，是東德最後一任總理、民選的短暫總理德邁齊爾。他本來是一名職業小提琴家，後來成為東德改革派的代表性人物。他最重要的工作是促成兩德統一，代表東德和西德談判。

梅克爾在這個過渡政府授予的職位上，發言人的角色有了很大的進步。她對媒體表示意見時，不再拖延，用字遣詞精準，句子淺顯易懂，而且不用形容詞。在這個毛躁的時候，誰也不需要「野火」。於是，梅克爾如科學家本色，實實在在的談話模式，大受好評。雖然她的話語還是很無趣，但她準備的資料或是兩德條約進展及報告卻紮紮實實，人們說她的資料是一般發言人的兩倍，不只沒有花俏，更沒有假話。

這種感覺對於渴望了解自己未來命運的東德人，非常重要。他們的世界那麼不確定性，才三十五歲卻已經非常穩重且自信的梅克爾，此時此刻提供給民眾的大量資訊，無比重要。

一個是大情勢：時代的巨輪轉動地那麼迅速，一個是誠懇、不帶情緒、自信的梅克爾，在街頭的叫囂聲中，提供了安全感的訊息。

就這樣，時勢造英「雌」，梅克爾踏上政壇不到九個月，已經成為東德的政治明星之一。

當時柯爾總理必須從出身東德，挑選適任而且沒有「難堪」背景的人入閣時，他的選擇並不多。

柯爾曾有意把東德小提琴家總理德邁齊爾納入內閣，可是不知道那來的假訊息，指控他也曾是東德安全局臥底的線民……在風波不斷時，梅克爾不發一言。而同一時間，德邁齊爾已將梅克爾推薦給柯爾；他是她政治生涯中第一個貴人，但面對貴人落難時，她從頭到尾冷眼旁觀。

這件事後來成為德邁齊爾及許多梅克爾政壇手下敗將對她的共同評價：她不是冷靜，而是冷酷；她不是無情緒，而是無情無義。

這些人認為梅克爾崛起的密碼是兩個字——絕情。

總之，不到一年前才放棄科學家身分，走入破爛的「民主覺醒黨」辦公室組裝電腦的小女孩，已經扶搖直上，一九九一年一月十八日梅克爾成為德意志共和國內閣的婦女與青年部長。

那一年，她不到三十七歲。

她接受訪問時沒有什麼誇耀，那一刻她知道自己是一個幸運兒，她說：「如果我在西德長大，能力相同，我不會有這樣一天。」

或許這就是我們經常感嘆的「命運」吧！

天生的政治敏銳女孩

政治上很少人因為背叛她或他的提拔者，而受到懲罰。因為所有的政治人物大多自以爲是，自戀是許多政治人物爬上高位的必備性格；很少政治人物真的才華洋溢、天資聰穎……他們或許有一定的能力，甚至也可以很笨，但只要「機運夠好」，加上覺得可以成為一方之霸的無端自信，他就可能拿到登上高位的鑰匙。

極少政治人物會從別人身上得到教訓，他們總是聳聳肩，覺得這樣的事，不可能發生在我這麼傑出的人身上。

儘管柯爾親眼目睹了東德政壇最後一幕，梅克爾如何無情地對待提拔且推薦她入閣的德邁齊爾，柯爾還是無法不喜愛梅克爾。

我前面曾經提到德國女權運動領袖在梅克爾卸任總理時，銳利評論梅克爾的特質：「她是小女孩與女同志的結合體。」

她三十六歲擔任史上最年輕的部長時，剪著小男孩般的短髮，外表看起來比實際年齡小，看起來天真無邪，的確幹練行動力高，但沉默寡言，自律節制，沒有明星的模樣，完全帶給別人小女孩的錯覺。

這使德國政壇上的男性，全部低估了她。

在柏林完成重建前，自一九九〇至一九九八年，西德首府波昂仍然繼續成為德國統一後的聯邦政府所在地。他們說「觸目所及皆是男政府官員、男外交官、甚至『男記者』，只要是女性大概就是他們的助理」。根據梅克爾自己的說法：「女性再怎麼聰明努力，也比不過男人的嗓門，包括體型。」

這句話出自梅克爾口中，既是抱怨也是觀察。她天生個子小，個性剛好適合反其道而行，既然比不過嗓門，就閉嘴，甚至假裝沒有意見；既然體型上沒有分量，就把缺點變優點，當個小女孩，這樣就沒有人提防；而且乖巧的笑容，會使這些自以為是的男人，得到更大的虛榮及滿足感，特別願意提拔她。

世界上第一個看出梅克爾可能成為不凡人物的是季辛吉（Henry Alfred Kissinger）。當時的季辛吉，被認為美國政壇上最好的頭腦（可能至今仍是），但他在政治上可沒有梅克爾那麼順利，尼克森既重用他，也討厭他功高震主。

季辛吉看上梅克爾代表了他的獨特。他到德國拜訪，想看看這個冷

2003 年，季辛吉與梅克爾會面

戰後統一的國家，現在是什麼模樣？季辛吉當然挑選梅克爾，因為她是唯二之一來自「那邊東德」的部長，而且是女性。

交談之後，季辛吉對梅克爾的評價是：「大多數德國政治人物說話都會設下陷阱，奇特的是這位女士從未上當。」

季辛吉可能不知道梅克爾和德國政治人物的另一個差別。她非常親美，甚至崇拜美國。她少女時代的偶像之一是美國歌手布魯斯．史普林斯汀（Bruce Springsteen）……她熟悉美國的政治，永遠站在華府的立場看世界。

這當然和法國戴高樂、德國歷任總理布蘭特……柯爾、施洛德（Gerhard Schröder）不同。在北約組織、冷戰秩序中，美歐西方站在一起。但西德自一九七六年起對美國已經貿易順差，成為美國在八〇年代「三〇一報復法案」的列管名單之一。

尤其這些歐洲的領袖仍然流著十九世紀驕傲歐洲的血液，他們知道是歐洲自己在兩次世界大戰中打敗了自己，他們親眼看到美國如何在殘酷的二次世界大戰中，趁機全面崛起，並且以美元操控世界；「歐洲一體化」正是這樣的思維下的產物。

但梅克爾對這些歷史渾然不覺，她有的只是個人的成長經驗。莫斯科都是錯的，華府都是對的。

這種親美態度一直延續至伊拉克戰爭，她是德國唯一支持美國侵略伊拉克戰爭的重要政治人物。

或許一直等到華爾街金融風暴，華爾街禿鷹攻擊歐元……尤其川普當面教訓她德國的軍事費用太低，「愚蠢的美國人才會在一次世界大戰到歐陸替別人犧牲」……梅克爾才醒來，才建立了一個正常歐洲政治人物獨立經濟及外交軍事的戰略思考。

總之，初見季辛吉的梅克爾對這位著名的人物展現無比崇拜的態度。雖然這說起來好像顯得她有點無知，但卻使她的國際影響力扶搖直上。季辛吉之後把她介紹給了許多具影響力的美國菁英，她的名字橫跨了大西洋。

如果梅克爾可以成為後來的梅克爾，並非如外界簡易地敍述柯爾多麼喜歡她、器重她、提拔她……直到最後她以祕書長狠狠地背叛「殺了」恩師，然後自己登上主席高位。

梅克爾本身具備很多矛盾的特質，或許她本身就是一個矛盾體。當你以為她猶豫不決時，她已悄悄做了決定，而且手腕老練；當你以為她大權在握信心十足時，她正會為自己上台演說，手勢該如何擺動而感到焦慮。她既有小女孩的身段，又可以展現自信的氣場，必要時甚至是個狠角色。

梅克爾另一個矛盾是：她並沒有想像中真的那麼盲目自信。她一直小心翼翼，而且完全明白即使如日中天，她的權力破綻可能在那裡。早在三十六～三十七歲，當時她看起來像一名天真的無辜者，穿著邋遢，甚至有時候一雙涼鞋打發日子。但她明白自己爬得這麼快，心中警覺其中的危險。

這可能是政治天分。她沒有人性中的年少得志，不知輕重……根據一本《梅克爾史詩之旅》的傳記，她在一九九一年才踏入政壇第二年就說了這麼一段話：

「如果有人晉升的速度快得不尋常，嫉妒和貪婪就會很快抬頭……你犯的每一個小錯誤都會被記錄下來，放大，之後強烈反撲。」

一九九一年柯爾帶著她前往美國訪問，她第一次踏入白宮，和老布希總統握手時，禁不住露出驚奇的表情。明白的人說：「**梅克爾有**

如柯爾公開展示的『統一戰利品』。」不滿的人評價她：「**如此外交經驗不足！**」

她在某次以色列的訪問行程時，被以色列接待團完全冷落，**他們以為她只是某位部長的助理。**

小梅克爾可以成為傳奇梅克爾，因為她充分認識自己的缺點。她知道自己所有的一切都太嫩了，能力也不夠出色，一切都是機運……尤其她的處境太危險了。

在德國依據二戰後特殊設計的憲法（基本法）產生重要政治人物的傳統，或入閣，或成為政黨比例代表制的聯邦參議員……但這些都要靠人提拔。

梅克爾從政初期就決定參選！一九九〇年她已決定投入選舉，選擇東德的麥克倫堡—佛波門邦選區（Mecklenburg-Vorpommern），這裡根本不是她的故鄉，但當地著名的政治人物克勞瑟（Krause）又因當年東德政權時代曾經是國家安全部的線民，垮了。梅克爾聰明地「空降」此選區，與漁民打成一片，有時候暢飲小酒，傾聽民眾在統一之後的心聲，他們茫然，一大部分人失業，或者共產政權國營事業解散後，無處可去。她本來就不是高高在上的人，當人民訴苦時，她表現無比的耐心。

她當選了。而且這裡從此成為她的鐵票區，一路支持她，直到她卸任總理。

回頭看初出茅蘆的梅克爾，居然如此自覺。

這一點，大多數的男性政治人物遠遠比不上。男性政治人物往往對自己的優點念茲在茲，他們幾乎看不到自己的缺陷。

甚至天下人都已看穿了他，他還不自覺。

這個國家必須靈活，必須去主義

穿越了冷戰，命運給了梅克爾無限的熱吻。

當年父親卡斯納牧師萬萬沒有想到他的犧牲奉獻換來全家「東德人」的標籤，然後女兒初入政壇，就因此成為史上最年輕的部長。

冷戰後統一的德國不論文化、經濟、生活思維完全是撕裂的兩個世界。他們都說著德語，但近四十五年分離，他們有著完全不同的人生經驗。沒有人會擁戴共產主義，但「鐵幕」打開後，早已不熟悉什麼叫資本、創業……的東德人，共五個世代。

他們的人生要往那裡去？此時的德國最不需要的就是左右之爭。他們大膽地統一，但統一的陣痛整整持續了至少三十年，直到梅克爾卸任時。

於是命運之神又親吻了她。當全球流行各種主義時，德國成為世界最「去主義」的國家，這個國家需要靈活、不被意識型態綁架的人，遇到問題懂得折衷協調的人。這樣的政治人物，在其他國家可能會垮台，在統一初期的德國卻無比重要。

於是才三十九歲，柯爾老總理又給了她另一個職務——環保部長。柯爾告訴她之後，她不是雀躍不已到處誇耀，而是守口如瓶。並且陷入長考，她可以勝任這個職務嗎？

德國的綠黨是全球最大的環保政黨，崛起於一九八六年車諾比核災事件之後。當時的風從烏克蘭向東吹，一路吹至德國……從此至今，德國一直是全歐洲最反對核能發電的大國。

車諾比核災發生於一九八六年蘇聯執政時期，三名車諾比核電廠工作人員在一場演習中，負責供電測試，因為一連串人為操作失當，使四號反應爐爐心溫度攀升至攝氏四六五〇度（太陽的表面為攝氏五五〇〇度），核電廠承受不了巨大的壓力，終而爆炸。

伴隨爆炸噴射出的放射性物質，飄散空中，蘇聯當局直到事發後二十小時才撤離核電廠半徑三十公里的三．五萬名居民；第一時間趕往

在車諾比核電廠發生爆炸幾個月後，一架直升機拍攝到被毀壞的反應爐

救援的消防人員受害慘重。根據世界核能協會（WNA）統計：核災事故發生三個月內，共三十名消防員與核電廠操作人員，很快地死於急性輻射症候群，共一萬人以上身體受輻射長期傷害。

這場核災在歐洲帶起了綠黨運動的崛起及強烈的環保意識，尤其是離輻射風向最近的國家之一，德國。

柯爾總理第一次重用梅克爾是她的「東德背景」，第二次是她的量子物理學博士身分及理性冷靜的頭腦。德國該如何逐步淘汰核能？基民黨如何面對綠黨的挑戰？

梅克爾起初猶豫環保部長的位置，有她的道理。德國是製造業大國，能源、電費、經濟成長如何平衡，並不容易。她常常面對各方質疑，她所屬的政黨經濟成長重要過於環保，但環保、解決空氣汙染及淘汰核能已經成為德國民眾的共識。她夾在中間，如一個壓扁的芝麻燒餅，經常在各方壓力下，被烤得焦黑、受傷且無法作為。

最後居然是女人的眼淚奏效了！

梅克爾一生是出了名不流露情緒的人，她試圖在一群「公孔雀」中，維持他們對她起碼的尊重。流淚的女人，代表弱者；這是許多喜歡穿著

1995 年，環保部長梅克爾帶著鐵桶進入核廢料處置場的勘探井

套裝的女性主義者或是女同志共同的見解。

她們以為女人必須撐住。但她們忘了，無論怎麼撐，妳還是一群公孔雀中的「古怪存在」，你可以沉默如雕塑品豎立其間，你也可以呱呱叫叫，和他們吵成一團，但沒有人服氣。

最重要的是完成不了大事！

自古以來，女人的眼淚有時候也可以是武器。梅克爾以環保部長角色在內閣提出《空氣清潔法案》，她試圖讓內閣了解這個法案對德國的重要性，但沒有幾個人願意搭理，最後她眼眶泛紅：「夏天即將來臨，許多父母都很擔心，不敢讓孩子在外玩耍……我們必須有所行動！」接下來，沮喪的淚水流下了她的臉龐，震撼同桌的內閣。一個以冷靜出名的女部長哭了。

以父母為名，奉孩子為名。

那天，內閣在一片沉靜中，通過了史無前例嚴格的《空氣清潔法案》。

她第一次的淚水，值得，也奏效。

梅克爾下一次如哭訴般祈求眾人，是二十五年後。她已經是全球傳奇人物，站在總理發言台，祈求所有德國年輕人不要在感恩節回家探望家人、尤其祖父母。她的雙手握著，手勢如一顆心，口氣急躁，聲音近哽咽，「我求求你們，如果你們在乎祖父母的健康，請你們犧牲這個假期，德國每天都有上千老人死亡或是插管……我祈求你們。」那是二〇二〇年十月，COVID-19席捲全球，疫苗尚未問世。冬季正以無情的冷漠，伴隨病毒蔓延，一個又一個醫院塞滿了絕望的人們。

她終而沒有流下眼淚，但那一次的演說，電視收視率超過足球比賽。年輕人接受她的呼喚，許多人為她的慈悲動容；就在她卸任總理職務的前一年。

梅克爾擔任環保部長另一個重大成就是主辦聯合國氣候變遷大會COP 1。我們現在朗朗上口的COP 26、COP 15……第一場大會在二十六年前舉辦。主辦單位就是德國環保部長梅克爾，當時年僅四十歲。

主持COP 1，踏上國際舞台

主辦聯合國氣候變遷大會COP 1之後，梅克爾的能力被廣泛肯定，一位政治明星誕生了——但還是沒有人料到，她從此以後會全面崛起德國政壇，甚至成為歐洲、全球最重要的領袖。她永不死亡，直到自己主動退出政壇。

在COP大會之前，仍然沒有人覺得她可以完成什麼。她德、俄語流暢，可是這是一個說英文的場合。但她聰明、理智、且公平的依據工業革命的順序，也就是過去兩百年來，要為製造二氧化碳、溫室氣體負責的主要發達國家，分為一組；另一組是開發中國家，目前碳排放量可能很大，但對生命周期長達一百五十年至兩百年的二氧化碳並非主要「貢獻者」。她讓前者意識到自己的罪惡、責任、及經濟所獲，都該為全球暖化承擔更大的責任；讓後者明白地球只有一個，即使推卸責任成功，災難來臨，誰也逃不了。

梅克爾在那場大會中，展現她後來成功解決危機與說服反對者的一貫本事：召開馬拉松般的會議。她耐力、毅力、體力驚人。她召開會議，各國代表幾乎好幾個夜晚皆被迫挑燈夜戰，凌晨時分，當人人已疲憊不堪，她仍持續提出新方案。

接著宣布，明天一大清早，會議繼續協商。

聯合國的 IPCC（政府間氣候變遷小組）成員認為那場大會，開啟了全球一致行動面對全球暖化的第一步，奠定一九九七年京都議定書的基礎。

閉幕時刻是一個冬天的黃昏，仍長得像小男孩般的梅克爾精神奕奕，台下代表們則在半昏迷中，鼓掌通過慶祝會議成功結束。沒有人再批評她衣著邋遢；她打破了自己只靠小女孩或是「東德戰利品」的羞赧情結，她是一個驚奇，在可怕的奧祕中，順利達成一場太困難的國際大會。

那一年她才四十一歲。

離踏入政壇擔任「東德民主覺醒黨」發言人，不知所措，無法回答問題，才不過短短六年！

命運呼喚梅克爾似乎用了一百個聖名，而每個聖名都響應一個名稱，為了讓她攀升。

德國統一八年之後，梅克爾所屬的基督教民主黨在大選中落敗了。四度連任總理，所向無敵的柯爾失去總理寶座。一個原因是德國統一想

社民黨施洛德於1998年登上德國總理之位

像的榮耀已經逐漸淡去，浮現的反而是德東地區的高失業率，德國為統一付出龐大的預算，社會福利成為國家沉重的負擔。

社會民主黨（SPD）施洛德總理上台了。

那一年選舉我正好訪問德國，吃驚於兩黨政策辯論的焦點：一個是退休年齡是否應該延長？一個是退休年金給付應該是原薪資所得的70%或是60%？……

簡而言之，後來二〇一二年在歐洲五國發生的歐債危機，一九九八年那一年已經開始登場。差別是德國在統一之後，直接面對，而法國總統還在吹牛「社會主義大憲章」「人不需要為了生活而工作」；美國歷史學家呢？由於不了解經濟，宣布柏林圍牆倒塌、共產政權的滅亡、德國統一……皆一一指向「歷史的終結」。

其實歷史只是翻過一大篇章，接下來的問題是已開發國家競爭力停滯，資本主義的危機正在凝聚，而且毫無警覺：資本主義根深蒂固的貧富差距正在蓋起人與人之間新的圍牆；人類正從文明再走回野蠻。

這些問題直到十年後，金融風暴，人們才逐漸認知。

柯爾總理的敗選，只是這個警鐘的第一響。

回到陽春政治反對黨主席的柯爾，此時挑選了梅克爾擔任基民黨祕書長。他是她的恩人，他仍然以為對方是當年他的「炫耀戰利品」。當柯爾失去權力時，還有什麼比找梅克爾擔任祕書長更好的選擇？

她能幹、不愛出風頭、文「忠心耿耿」。「哦，我的可愛的小女孩！」男人總是忘了提防不說話的女人。他們自己口才太好，體型大，這樣的動物本能，除非碰到尖銳或是比自己聰明的女性，男人經常會愚蠢地高估自己，低估安靜的女性。

噓！這是女人奪權的祕密，男人識破的太少了。

梅克爾當時已經不是昔日菜鳥，她卸下環保部長時得到廣泛好評；她一直是聯邦參議院的成員，擁有自己的權力基礎。過去的她非常明白自己的權力危險，現在的她非常知曉自己的政治優勢。

她離德國的權力核心，只有數步之遙；而柯爾在客觀形勢上既是她的恩人，也是她的權力障礙。

一九九九年柯爾被揭露擔任總理，長達十六年間，一直接受「非法政治獻金」，總計數百萬馬克，約兩億台幣。這種事在台灣是屁事一樁，幾天新聞，台灣政治史一場縣市長選舉就可能出現這樣的政治

2014 年，蕭伯樂與梅克爾同在德國聯邦議院

獻金所得。但這可不是德國人的道德標準。

當柯爾拒絕向公眾及媒體提供捐獻者姓名，並設法阻礙調查時，他不自覺自己正失去歷史累積的聲望。他以為自己可以撐過去。

事情爆發後不久，一九九九年十二月二日，德國《法蘭克福匯報》刊登一篇文章《柯爾所為傷害基民黨》，投書的人正是梅克爾。此文在德國政壇如擲下一個炸彈，梅克爾稱「這是悲劇」「黨主席柯爾的時代應該結束」「我效忠的不是一個人，而是黨的未來」「基民黨必須學習在沒有老戰馬的帶領下，如何前進，與執政黨競爭」。

柯爾吃驚之餘當然不會束手就擒。他的另一個「徒弟」前財政部長蕭伯樂（Wolfgang Schäuble），在他的運作之下，力挺柯爾。但蕭伯樂雖然是政壇大老，歷任內政部長、財政部長，聲望卓越皆遠超過梅克爾；但他在九年前因出席一場競選活動，被激進分子刺殺，子彈擊中脊椎，只能以輪椅代步。他不是小羅斯福，幕僚性格太重，當他坐在輪椅上時，他給人們帶來的遺憾多過於敬佩，他只是一個虛弱無力的男人。

於是當他繼任黨主席並力挺柯爾時，基民黨的支持者希望蕭伯樂和柯爾一起離開。

這個在東德時期雖然對共產政權不以為然、卻選擇和平共存的卡斯納小姐，如今像一隻豹子飛躍而起。

當她奮戰而且毫不留情時，她既獲得了道德高度，更一舉拿下德國最大反對黨的主席。

她為什麼「如此勇敢」？或是為什麼如此「無情無義」？

如果從她的童年時代父親已經訓練教導的清廉價值，可以解釋她內心的不齒與憤怒。對她而言，這樣的行為就是一名政客，即使曾對自己有提拔之恩，那是私人之事。於公眾利益，柯爾不是歷史偉人，她為什麼要為了一點私人的小恩小惠，貶抑自己衷心信仰的道德與價值觀？

她的確咬了柯爾一大口，但公平而言，當她同樣獲得總理職位十六年間，她清廉、無私，從無任何政治獻金利益交換的紀錄醜聞。她相信清廉的價值，自己奉守，當然也可以不齒科爾。這可能是「原則」、「信念」，不叫「背叛」。

她從來不是沒有政治野心的人，因為她一直相信擁有權力才能改變世界。對於她而言，一個提拔她的男人，可能只是協助她攀越山嶺的渡橋。

問題是那些男人太低估了她；原因只是她不善表達，且沉默寡言。男人們把這樣的現象，當成是「聽話」。

他們高估了自己，也欺騙了自己。

這齣如「馬克白」的戲劇活生生上場表演後，沒有人再把梅克爾當「我的小女孩」了。

那一年她四十五歲，踏入政治才十年，梅克爾已經是德國最大反對黨主席、總理的備位人選了！

第五講

二十一世紀典範人物的誕生——梅克爾

二〇〇五年梅克爾踏上了她的總理競選之路，競選口號沒有煽動性，沒有創意，沒有詩意，沒有大道理。但正因爲我們逐漸從歷史中聽到了太多虛妄的諾言，對我而言，她的口號反而充滿了堅實的力量。那是一句誠懇的諾言。它是一句發自內心的話語，不是爲了號召群眾，而是一句領袖向支持者的允諾。

「我要爲德國服務。」

千禧年，二十一世紀剛開始，人們期待一個和平、前所未有的全球化世紀。二〇〇〇年，當時沒有人預期九一一事件即將發生，根本不可能想像金融風暴，更不會知道有個叫川普、普丁的人即將進入歷史。

一個顛覆一九四五年以後美國在全球新秩序中扮演的角色、以及割裂一九六〇年代後期全球逐步形成的全球供應鏈；一個製造了如第一次世界大戰般的普丁帝國危機。

那一年梅克爾正式擔任德國最大政黨之一的黨主席；離柏林圍牆倒下只有十一年。

驚奇吧！

那一年德國正式遷都柏林。

歷史似乎從那一刻，德國才開始走上大國之旅。

但歷史不是新頁，新，只是我們的感覺。歷史是一條綿長的河流，人們必須為曾經丟下的巨石，付出代價。

一直等到過了二十年，我們回過頭來才明白，原來整個二十一世紀的頭二十年，都是為過去的錯誤來還債的。

九一一事件於二〇〇一年發生，同年十月美國聯合全球發動大規模戰爭。當美國二〇二一年八月三十日、二十年後從阿富汗倉皇撤軍時，過程之混亂甚至連參與主要維和部隊的德國政府軍，皆未被好好告知。

梅克爾在這個一點也不新、反而夾在幾個混亂事件及概念的時代中，擔任一個大國大黨的主席。

她爬得太快，當她還不太了解什麼叫歐洲聯盟時，她已經是歐元區核心國家的核心人物。她爬得快到來不及認識世界為何進入「穆斯林聖戰」及「反恐戰爭」的時候，她已經為九一一及伊拉克戰爭發表意見。

二〇〇三年，她犯了大錯。她在完全不了解伊拉克戰爭的背景時，投書美國媒體《華盛頓郵報》，公開支持美國發動這場沒有足夠證據等同侵略的伊拉克戰爭。這件事情在德國及歐洲都掀起軒然大波。

一位反對黨的主席和自己國家的總理在外交上唱反調，這是非常糟糕的判斷。

首先美國小布希總統宣稱的大規模毀滅性武器沒有明確證據，只是一張不明所以的衛星圖。其次，依照聯合國安理會決議，這件事情必須經由國際獨立調查團提出報告。但美國總統小布希和他的內閣（尤其是當時的副總統錢尼），卻在聯合國調查開始之前，即對伊拉克空襲動武，打仗的順序荒謬地沿著油田打，打完了、也吊死了哈珊，卻依然未出現大規模毀滅性武器的痕跡。

德國及整個歐洲對於美國違背自己一手創立的戰後秩序，

德維爾潘（Dominique de Villepin）

全面反對。

當時法國駐聯合國大使德維爾潘在聯合國安理會的發言，成為歷史文獻：

「在這個新世界中，國際社會的行動必須以原則為指導。」

「第一是尊重法律。法律是國際秩序的基石，在任何情況下都必須應用，在作出動用武力的最嚴重決定時更是如此。只有這樣，武力才能合法；只有這樣，武力才能恢復秩序與和平。

其次是捍衛自由與正義。我們絕不能在我們核心價值問題上妥協。只有在我們的意見符合聯合國根本理想時，才應該聽取。

最後是對話與寬容的精神。世界各國人民從來沒有像現在這樣熱切嚮往尊重這一個精神。」

但梅克爾主席卻莽撞的唱反調……有些人認為她想突顯自己，但這不像她一生的風格。有些人評論她在此之前，一生除了知道反共親美，對世界史、國際法、中東問題盲目且一無所知。這個可能性很大，她沒有足夠的時間及訓練，已經爬到一個高過她知識的位置，這使她犯下大錯。

當時全德國、歐洲齊聲譴責或是嘲笑梅克爾，梅克爾及其團隊沒有辯駁。

沒有為自己的錯誤辯駁，使她的受傷，可以停損在一個點上。外交上她不和自己的國家總理一致、和歐盟一致；人道及正義上，最後都證明她支持了一場災難般的侵略戰爭，這違反了她一生的信念。

她對於美國的一廂情願，一直到伊拉克戰爭才略為夢醒。那一次的打擊，對於梅克爾是很重要的成長。

其實所有的政治人物都會犯錯，包括邱吉爾也出過糗。梅克爾學習政治及歷史的時間那麼短，她會犯錯本來很正常。

重要的是：她承認了錯誤。

梅克爾待在反對黨主席的位子只有五年，之後在一場大選中，突然獲勝，成為總理。

我前面提到命運之神的眷顧，命運把她帶得如風箏飛翔，她在順風中攀上高峰，也將在未來的逆風中，一步一步展現她的耐力。

她的競選口號沒有煽動性，沒有創意，沒有詩意，沒有大道理。

「我要為德國服務。」

這句「無趣」如士兵般的宣誓，十六年前曾招來了時任總理施洛德（社會民主黨）臉上一抹傲慢的微笑。

施洛德剛擔任德國總理時，德國統一才十年。德東地區高負債、高失業率、高年金，還有全德國的人口老化……所有的跡象都催促著德國必須面對財政及退休制度改革，包括實施德國版的撙節措施。

德國當然不是唯一老齡化、高年金制度的歐洲國家。法國如此，後來的歐債危機核心國家義、西、葡、希、愛爾蘭皆如此

梅克爾也不是德國唯一有遠見的政治家。

我閱讀歷史時，常常看到一些國家為什麼崛起，一些國家為什麼殞落。

它往往不是一個人鑄成的，只是當人們意識到歷史的重大時刻時，會神話了最顛峰時期的君王領袖；或是把最倒楣時的那個領導人，送上斷頭台。

其實歷史向來是一點一滴涓滴形成。最終它可以磅礴，也可以終而枯竭。

德國在施洛德擔任總理時，決定進行退休制度包括退休年齡及

退休基金的比例改革。這個措施，名稱為「二〇一〇議程」（2010 Agenda），它當然不討人喜愛，但它使日後德國成為在國家競爭力上遙遙領先其他歐洲地區的國家。

一個不取悅老百姓，不花錢收買百姓，甚至和當下的支持者作對的領導人，有時候得付出重大的政治代價。

施洛德為了長遠德國的財政可持續發展，踏出了這一步，終而二〇〇五年以些微票數之差落敗，失去了總理職位。

梅克爾因此成為總理，一待十六年。

如果我們再往後看梅克爾在二〇一五年也為了她內心衷心相信的價值、更包括德國欠缺基層勞工，德國必須在「希特勒的國度」之外有一個良好的國際形象，一張「新名片」。她力排眾議接納敘利亞中東地區共一二〇萬難民，從此被各方包括自己的政黨攻擊。於是她主動承諾：四年後下台，交出總理職位。

施洛德和梅克爾都不是笨蛋。

但當他們坐在總理職位上，他們擁抱的不只是權力的野心，還有對國家的忠誠。

2005 年，為了 9 月的聯邦選舉，梅克爾在基民黨黨代表大會上發表談話

這一點遠遠高於自己的權力私慾。

二〇一七年當梅克爾宣示最後一次尋求連任、二〇二一她將交出總理大位時，她的口號還是：「我將運用自己的天賦與才能……為德國服務。」

一個國家的崛起，往往是一棒接一棒。一個國家的殞落，也是如此。

在法國退休年齡，從六十一歲改為六十三歲，又改回六十一歲；他們如何想像德國社會民主黨（SPD）的施洛德總理，一口氣將退休年齡提高至六十七歲；而且他的反對黨基民黨（CDU）黨主席梅克爾不但沒有見機扯後腿，還公開支持施洛德，讓法案在聯邦參議院過關。

一切為了德國。

為德國服務。

梅克爾相信政黨贏得權力的方法不是靠惡性鬥爭，不是不顧大局，更非可恥的「排他性種族主義」；而是提出更好的政策，展現更好的包容性和執政能力。

二〇〇五年她幸運地贏了，出任總理。

梅克爾時代開始了！

就職演說中，梅克爾第一個感謝的是她的對手：前總理施洛德。「由於他留下了良好的制度，德國可以有更好的未來。」

在近代政治史上，全球這樣的領袖那麼少，少到我們不得不把梅克爾及施洛德當成罕見的政治現象。

但是，對她而言，這一切不難，就是這五個字而已：「為德國服務」。

主導歐洲的女人，差一點沉船

梅克爾成為「主導歐洲」的女人之後，人們急著尋求她「領導魅力」的答案。

自二〇〇五年

梅克爾擔任總理時的官方照片與她的招牌菱形手勢

出任總理，她的民調最低時不是敘利亞難民危機，而是歐債危機時期。經濟學家痛罵她外行，太不果決，所以讓危機擴大。德國人民嚴重不滿政府準備紓困希臘；希臘人民覺得梅克爾要求撙節措施，簡直是置他們於死地。

這是梅克爾才擔任總理不到三年，面臨最大的考試：一場七十年一遇的二〇〇八年金融風暴。

在伊拉克戰爭中，她曝露了自己世界史、中東歷史知識的不足；現在她得學會最難的「經濟學」「貨幣政策」，以及導致希特勒崛起的「大蕭條」。

在伊拉克戰爭她有些莽撞愚蠢的發言後，她要求她自己及身邊的幕僚一起閱讀《遮蔽的伊斯蘭》、《鄉關何處》等書籍。那可能是她第一次跨出對「共產政權」的憎惡外，第一次明白英、法、美……從十九～二十世紀在中東地區的屠殺、殘暴及瓜分。

但經濟學？她可有一櫃子的書籍得閱讀，而老天不會給她時間。

尤其到了二〇一一年，金融風暴燒向歐洲，成為歐債危機。

美國《華爾街日報》等媒體沒有幾位專家看好歐元。他們說：十一年，歐元的盡頭是一截短蠟燭；燭火仍搖曳，燭油已殘落，就剩最後一段了。

梅克爾聰明地了解這不是她可以處理、甚至她的政黨基督教民主黨可以單獨處理的危機。她以政治手段，說服反對黨社民黨（SPD）加入聯合政府，堅持組成大聯合政府；社會民主黨加入的目的不是渴望權力，分配位置。他們可以坐著看梅克爾的笑話，看歐元瓦解，歐洲陷入更深的災難，全球金融風暴再擴大。當時代表社會民主黨協助梅克爾處理經濟危機的是二〇二一年後接手梅克爾出任總理的蕭茲，蕭茲出任財政部部長，他向外說明：我們支持的不是梅克爾，而是歐元。

在歐元南方國家把梅克爾的撙節措施比喻為「女希特勒」；德國民意認為這些歐豬五國退休年齡太早，退休金太高，揮霍無度，多數人反對紓困，尤其希臘。梅克爾一方面沉默以對外界對她難堪地抨擊，一方面斡旋德國議員。

梅克爾不加入這些辯論，她知道歐洲是德國最大出口市場，沒有歐洲，沒有德國。她明白由於歐元區其他的較貧困國家分攤，德國的貨幣被嚴重低估。若是歐元崩潰，回到馬克，德國貨幣將升值200%，德國的汽車、製造業……將失去競爭力。

沒有這些窮親戚，就沒有德國的富裕。雖然那些人這樣早退休，在陽光普照下如此歡樂，完全不考慮自己的國家未來；這的確令人受不了；但德國的利益非常清楚。

於是她展開跨黨派、高耐力的遊說。

最終，德國聯邦議院以五二三票對八十五票通過「擴增歐洲金融穩定基金」(EFSF）方案。

在六一一位議員中，三名棄權，德國總理不只獲得執政黨的議員同意票，同時取得三分之二聯合政府中最大反對黨社會民主黨國會議員的票數。德國國會壓倒性的投票結果，不只適時掌握了拯救歐元區及全球經濟最後機會，更為代議士民主立下典範。

德國議會投票於二〇一一年九月二十九日當地時間上午九點開始，在此前夕德國權威媒體公布民調，反對德國出資紓困希臘的民眾高達76％，贊成僅18％。

如果沒有菁英政治人物依遠見與專業、有擔當地對抗民意，用本地的話講「不看民調治國」，德國九月二十九日投票的結果應是完全相

2010 年，偽裝成總理梅克爾的社運分子（左），用玩具斧頭抗議歐盟對希臘採取的措施

德國國會大廈的玻璃屋頂

反；紓困案應該會壓倒性的大敗。但德國眾議院挺住了，他們知道在他們手中這一張票決定的是歐元區的未來，世界經濟的崩垮，人類是否可以避開前所未見的經濟災難。

那一天大批的抗爭人潮聚集議院外頭，他們都是辛勤工作的德國人，為了降低赤字，二〇〇三年起他們自動減薪。根據統計，十年間德國工會他們接近減薪了10％，他們增加工時，他們延長退休年齡，最重要的是他們誠實繳稅。「為什麼要援助一個偷懶、五十五歲退休、逃稅、一騙再騙的希臘呢？」德國民眾怒吼著。

總理梅克爾準時九點走入國會大廈，德國國會位於一個曾經被分割成東西柏林的中軸線上，屋頂是一個看得到天空的透明穹頂，它是英國建築大師諾曼·福斯特的作品。望著天，議員們知道自己手中一票代表的意義，德國歷經九月二十八日一整個白天至深夜的激辯，終於取得跨黨派壓倒性勝利。

梅克爾於紓困案通過後，沒有開懷大笑，她抿著嘴，嘴角似是笑又似是想哭出來。一切太不容易了！當時她的民調支持度不到25％，此案表決前，自由民主黨激進派人士曾揚言必要時倒閣，逼她提早下台。

星殞不論成石或焚落，都得打在梅克爾頭上。她走入國會，沒頂著安全帽，擔起全球矚目的歷史時刻。「二十一世紀鐵娘子」，真的讓一個完全不被德國民眾支持的方案，通過了。

這場仗她挽救了世界，但也可能同時毀滅了自己。我記得當時在家裡靜靜看著 EuroNews 報導整個過程，每一個走近投票箱的議員，都在決定世界經濟是否下一刻即宣布崩垮。他們的腦袋裝著兩個相互撞擊的事物，一個是民眾的抗議聲；一個是歐元區若倒了，那人類將面臨比二〇〇八年雷曼倒閉更嚴重的經濟災難，德國也將同時沉沒。

德國出口高居世界第二，但光歐盟即占 62.9%，美國 6.7%，中國 4.5%，瑞士 4.4%，其他各國占 21.5%。歐盟經濟若陷入動盪，歐元瓦解，阿拉伯之春吹向歐洲，德國也完了。

但另一個同時撞擊的是場外民眾的叫囂，他們的話不是全無道理，甚至動人且澎湃。尤其他們不是一小撮人，他們代表德國民眾的絕對多數。民眾看見了「不正義」，但他們看不見控訴與懲罰「不正義」後，全球及德國必須付出的後果。

思辨在一個應該以政客為主的偉大建築中蔓延開來。控訴等同自

在 2011 年占領華爾街行動後，抗議群眾也占領德國歐洲央行前廣場

殺，忍耐等同拯救；這些國會議員的角色在民主制度的設計中，被深深挑戰著。

民主政治所以設計代議士制度，目的就是要把許多超越一般民眾知識、經驗、專業、複雜的國家大事交給國會議員，由他們代行判斷、治理國家。如果代議士政治，只是國會議員享受菁英的地位、特權好處，而投票全以討好民眾為主；我們其實不需要國會議員。凡事只需訴諸民調，以民眾之好惡為一切真理。這在其他民主國家，我們太熟悉了！德國二〇一一年九月二十九日議會的表現，該讓全球政治人物汗顏。

世界沒有再陷入經濟災難的驚恐，只因德國的菁英知道自己身負的角色。那不僅是權力，更包括責任。

剎那間，我們與全球共同躲過了一場災難；但也同時留給所有其他民主政體一個重大的疑問：為什麼德國的政治領袖與其他全球多數政治人物，差異這麼大？

民主政治的典範——德國及梅克爾

我們常常談到人生，**一個人往往得痛到一個地步，他才能認識自己，徹底改變。**

或許一個國家也是如此。

梅克爾可以帶領歐元區度過經濟危機，不完全是她個人處理危機的能力；也不是德國社會民主黨以大局為重，和她共組聯合政府。

我喜愛閱讀歷史，因為如果我們看得夠宏觀，夠遠，我們會發現每個人都是歷史舞台的布偶，你可以選擇角色，但你逃不出那個戲框子。

梅克爾曾經提到她最景仰的德國前總理是布蘭特。他的全名是威廉·布蘭特，和飾演「不可能的任務」男演員同名。一九六八年，全球風起雲湧，法國、美國出現戰後嬰兒潮的抗爭活動，他們高喊「這個世界越來越暗，眼前變得模糊不清，他們要摘掉胸上的徽章。」（Bob Dylan: Knocking on Heaven's Door）——而蘇聯的坦克車正開入布拉格。布蘭特面對現實的蘇聯威脅，組織危機政府，也就是最大黨和第二大黨合組聯合政府，占國會約四分之三席次。

接著一九七〇年十二月七日，布蘭特總理訪問波蘭華沙，在猶太人屠殺紀念碑前停留。他向屠殺犧牲者敬獻花圈，他先以手輕輕地把花圈上的絲結整理好之後，後退幾步，突然之間，雙膝下跪，祈求原諒。

波蘭歷史學家特拉巴（Robert Traba）如此形容這個歷史之跪：

「從各個方面看一九七〇年十二月的訪問都是德國東方政策的最亮點。這裡首先牽涉到的兩德關係，但它必須透過與波蘭及蘇聯實現關係正常化的途徑。對波蘭而言，協定至關重要，因為德國總理的下跪，等同首次承認了因二次世界戰爭而產生爭執的波蘭西部邊界。布蘭特的下跪謝罪，超出了任何人的期待。這一個舉動成為歐洲實現和解的象徵，也成為東西之間、德國與波蘭之間和解的象徵。」

此一舉動事先沒有計劃，事後也無需語言解釋。

人們悲傷哀嚎的經歷往事，淚流滿面地看著歷史的

布蘭特（Willy Brandt）總理在猶太人屠殺紀念碑前下跪道歉

寬恕。布蘭特之後回到德國，接受訪問時說：「我所以這樣做，因為在那麼巨大的悲劇面前，語言已失去了表達能力。」

德國總理下跪謝罪的畫面傳遍世界，在歐洲及全世界他贏得了更多的尊敬。

那一年，梅克爾才十六歲。我相信她的內心，深受震撼。

布蘭特的兩個政治舉動，都在梅克爾的總理生涯中，留下痕跡。在歐債危機及敍利亞難民時，梅克爾皆竭盡所能說服最大反對黨社民黨和她共組聯合政府。

當敍利亞難民橫跨愛琴海，踏上歐洲大陸時，她已經不是那個支持美國入侵伊拉克的梅克爾。她明白美國、包括法國、英國、義大利，不當介入「阿拉伯之春」災難的後果，她含淚看著那個躺在海灘上的漂亮敍利亞男孩艾倫·庫迪（Alan Kurdi）。她知道那些用自己的雙腳，不得不離開家園、冒險橫渡浪

三歲的庫迪陳屍海灘，引發全球對敘利亞難民問題的重視

海，沿途被巴爾幹半島各國警察軍隊毆打，每個夜晚餐風露宿……這些難民渴望人生的願望，多麼的動人且堅強！

難民只有空蕩蕩的小行李，一跛一跛地逃離追逐者，沒有童年，沒有國度，沒有家園，生命只有遺棄……世界幾乎沒有愛，梅克爾決定給他們一個身分，一個「人」應該享有的身分。

梅克爾的父親是一個放棄自由，選擇與受難者站在一起的牧師……如今她是德國總理，而她永遠是是卡斯納牧師的女兒，她無法棄絕他們！

於是在某一個寧靜月色下，在某個白日光影中，梅克爾力戰群雄，宣布德國將收容至少一百萬名敘利亞及中東難民。

人性的美好很短，人性的自私很長。

梅克爾剛開始宣布時，沒有太大反對聲音……接下來一個科隆大教堂跨年晚會，七名難民性侵當地女性的事件，卻如颶風般反對聲浪俯衝梅克爾，好似所有百萬難民都涉入性侵事件了。

梅克爾從未退縮，也從未改變任何想法，她知道自己為什麼坐在總理官邸，她記得當她十六歲時，有位德國前總理，必須要為德國人曾經

2016 年在難民性侵事件後，仍有大批德國民眾走上街頭支持接納難民的政策

的戰爭罪行下跪。

她要改變德國的形象，她要給二十一世紀的德國一個新名片。德國不是昔日的屠殺之國，德國是人道主義大國。

為此，她不惜一步一步交出所有的權力！

挽救民主，重新定義民主

如果沒有梅克爾現象，當代的極端論述已經被扭曲：「民主制度是無效的治理……它已經被證明是一個失敗的制度。」

對於民主這件事，過度的肯定，或是過度的否定，本來就是笑話。邱吉爾在二次大戰剛結束時，就在工黨發動的倒閣中垮台。工黨一路贏的策略，就是抓住人民沒有了耐心，工黨編織了一連串謊言。結果在「開放又公平」的選舉中，謊言取得壓倒性勝利。

因此當代普丁「想像中的俄羅斯悲情」、川普現象、英國首相卡麥隆和強森瞎搞的脫歐鬧劇，根本不是什麼新鮮事。

邱吉爾的名言之一：民主政治實在是一個愚蠢的政治；但我真見鬼

地找不到什麼更好的制度取代它。

民主在近代被過度誇大的吹捧，最高峰正是梅克爾一生可能最難忘的日子：一九八九年柏林圍牆倒塌之時。

但沒個幾年，網路泡沫化，再不到二十年，全球歐美銀行華爾街金童從資本主義的英雄變成貪欲之狼。民主是可以買的，In God We Trust之下美國國會議員是可以被一一以金錢收買遊說的，包括白宮。Democracy is for sale——民主正在被拍賣。

即使如此，即使憤怒的1%VS 99%已成為年輕人共識，民主伴隨的貪婪資本主義仍然屹立不搖。因為，邱吉爾早說了，我們找不到更好的制度來取代它。

但民主制度尤其憲法設計，它本身也可以決定一個國家，是走向戰爭或和解、走向分裂、走向極端、還是走向整合。

梅克爾即將卸任時，各國皆派出採訪團。英美媒體最重要的結論有兩項：其一，梅克爾這種無聊人士，在美國連眾議員，甚至州議員都選不上。其二，德國最終由社會民主黨出面組閣，共三個黨組成聯合內閣。包括左派社會民主黨、右派的自由民主黨、還有激進左派環境保護意識的綠黨。美國的彭博社評論，這樣的聯合內閣怎麼可能組織在一起？但美國媒體「彭博社論」說，「在德國可以」。

英國的《衛報》藉機嘲笑曾經傲人的英國式民主，這樣的聯婚在英國不到午夜，尚未同床共枕，即拆夥了。《衛報》也承認，這些不同意見在德國可以互相妥協、事先談判、沒有人會違反承諾。德國漫長的組閣過程，就是來解決彼此的分歧，訂下目標，日後執政共同遵守。

歷史當然是開了很大的玩笑。英國、美國都曾經是全球民主政治的典範，現在卻成為謊言、民粹、小丑當道的百老匯無毛秀。

德國曾經在短暫學習民主、實施威瑪憲法時，選出了希特勒。那是一九三一年，德國人不幸及恥辱的開始。

九〇年後德國的梅克爾卻成為全球民主政治的典範及表率！

這是梅克爾一個人的神話？還是德國的？

二次大戰後，西德人從屍體、從恥辱、從廢墟中爬出來。這個國家是一個精神上向世界求饒、無言以對的國家。一九七〇年，布蘭特總理在華沙的下跪，那個舉動等於代表所有德國人跪下，祈求世人原諒。

戰後當柏林被瓜分，德國被分成兩個德國時，那種感覺如一個人身

二戰結束後擔任西德第一任總理的
艾德諾（Konrad Adenauer）

體被無情肢解，伴隨靈魂永久的切割。

西德第一任總理、也是現代德國之父艾德諾於一九四九年時許願：

「我的願望是將來有朝一日，當德國人擺脫了當代的陰霾，能夠往前走，放眼未來，我才可以說：我完成了責任。」

一九四六至一九四九年，艾德諾創立基督教民主黨，制定基本法，成為德國的新憲法。這套憲法的核心價值是保護民主，保護議會政治，阻止煽動型的人物及民粹主義有機會再崛起。基本法反對過度的直接民主，相信內閣制的民主協商，聯邦議會的成員產生二分之一由政黨依選舉得票率比例產生。在基本法的立法精神中，當下的民意，不是國策。國策必須是深思熟慮、符合長遠國家人民利益政策。它不可能也不可以是口號，或是意識型態。

艾德諾退休時已經八十七歲，他前後擔任十四年西德總理。他在「明鏡週刊政府竊聽風暴事件」中先改組內閣，之後負起違反憲法精神的責任下台。

他可沒有像英國首相強森一樣，耍盡心機、手段，擺明「坦克車」也拖不走他離開首相官邸唐寧街十號。

德國是一個二十年前曾經容許屠殺、集中營、街頭批鬥、追殺異己投入河中的國度。

艾德諾總理沒有為自己辯護，他知道德國必須比任何國家更小心翼翼地遵守民主原則，他的確錯了，他領導的政府錯了。他決定辭去總理及CDU基督教民主黨主席的職務，呵護西德好不容易萌芽的民主。

這一生艾德諾已歷經也活過了德國的崛起與荒唐崩壞。他成長於俾斯麥統一後的德國，目睹了強大帝國的崛起，當他跨入政壇，已時逢帝國的瓦解。接下來德國走向第一次嘗試追求民主的威瑪共和國時代。他親身痛苦地熬過威瑪共和國的混亂及民主轉型居然成為極端政治，迎接納粹政權。

他被革職，被下獄，被流放。

當他看著二戰後一無所有，只剩恥辱及羞愧的德國，一個號稱的帝國如今已被戰勝國瓜裂成兩半的德國，他知道德國不只是被世界遺棄，而且是被自己人民的瘋狂所遺棄。

「民主的原則，沒有妥協版」。

當艾德諾同意他的政府竊聽《明鏡週刊》，之後被揭發時，他沒有在風暴面前找理由，包括為了「國家安全」。
沒有言論自由，就沒有民主。這是他的信仰。
儘管《明鏡週刊》一直以來都對他如此不友善，以當時冷戰氣氛（一九六三年）他可以玩一下「遊戲」，找到一些《明鏡週刊》傾向左派的文章，包括訪問蘇聯領袖的報導當成箭靶，然後成功為自己脫罪。就像我們當代經常玩的那套粗鄙遊戲一樣！
這一點也不難。
但艾德諾知道他領導的德國政府必須是一個真正相信民主原則的政府。只有如此。德國才有未來。
他選擇認錯，放棄權力。
之後人們問他，在辭職與鬥爭之間，他思考了多久？
他回答：只有一個晚上。我關上了房門，聲音突然比往常大聲，我想起了當年入獄時獄卒關門的聲音，很快我就做了決定。
艾德諾是梅克爾之外，在位最久的德國總理。當他退休時，整整比梅克爾年長了二十歲左右。
他退休之後，最愉悅的是徜徉園藝種植玫瑰花，每天花好幾個小時

1966年，里維・艾斯科（右一）在耶路撒冷總理官邸接待西德前總理艾德諾（左一）

消磨在花園裡。這使我對梅克爾女士之後下台會做些什麼，倍感好奇。

一九六六年，艾德諾已經九十歲，知道自己來日無多，他決定訪問以色列。他個人也是被納粹政權迫害的對象，但他深知沒有德國人的集體錯誤，沒有希特勒。他的良知使他想對以色列猶太人表達德國人的懺悔。他去了，雖然不是總理身分，但會見了以色列前後任總理：本古里安及艾斯科（Levi Eshkol）。

從以色列歸國後一年，他的人生願望似乎一一實現，身體突然瞬間走下坡。躺在床上，艾德諾不太能行動了。他的兒子、孫子走近他的床前，偶爾忍不住流淚時，艾德諾會手指著床前一幅天主抱著聖嬰的畫像，說道：「沒有理由為我的死亡哭泣。」

一九六七年四月艾德諾逝世。

艾德諾死後半世紀，德國再度大選，執政時期長達十六年的梅克爾下台。美、英、法、日等皆派出採訪團深切想了解「梅克爾奇蹟」的密碼。

之後，不論三權分立總統制的美國，以君主立憲內閣制起家的英國，以雙首長制為經典的法國……各大代表團得到的結論，幾乎一致：「在我們的國家不可能產生梅克爾這樣的人物。」

這是共同的結論。

梅克爾的傳奇是多方答案的統合，但核心的密碼在半世紀前，甚至七十年前艾德諾起草的基本法已經埋下。

德國的憲法制度不鼓勵煽動者，它要的是依憲法按部就班做事、擁有長遠眼光的人，進入議會，參政。

這才是民主的真諦。

第六講

人生最低谷

——回顧梅克爾執政十六年，共遇見三個人生低谷事件。——

第一個是，梅克爾當上總理之後不到三年，美國次級房貸風暴、雷曼兄弟倒閉，全球正式進入一九二九年以來首見的大衰退。

德國最大的幾家銀行也面臨倒閉，包括德意志銀行。此時的梅克爾無法允諾民眾繁華似錦的未來。她只能帶領人們，面對一個又一個危機。金融風暴、歐債危機、德東失業危機……她只能想辦法盡力抵抗，不讓德國的極端主義重新擄掠德國，不讓搖搖欲墜的歐元區荒蕪崩潰。

七十多年前的那場危機把希特勒一舉推向第二大政黨，他以特殊的杯葛手段，讓已經近乎債務絕望的德國，進入無政府狀態；最終興登堡總統妥協任命希特勒成為總理。

這正是梅克爾二〇〇八年擔任的職位。昔日的柏林已經成為歐元中心，世界第四大經濟體的首都，但是梅克爾及所有德國稍具年齡的人都深知當年那一場來自美國華爾街的巨浪，如何淹沒德國，使德國成為世界最瘋狂的國家，之後戰爭、戰敗、分裂……七十年，七個世代都在那個瘋狂的陰影下，爬出來，活過德國歷史上最不堪的七十年。

一個沒有遇見危機的領袖，不是幸運。她只是乘風而來，乘風而去。她只是短暫停留於權力的位置，在歷史中，她不會有印記。

梅克爾和她當時的財政部長蕭茲面對現實，參與G 20，她和全球領袖一起選擇面對危機，而非追究華爾街或是美國為何不當解除自一九三三年以來一直遵從的銀行監管？

所有人都在同一條船上，全球央行在二〇〇九年四月於倫敦召開的會議一致決議降息，祭出刺激方案。

她沒有料到美國的聯準會有印鈔票的權力，歐洲央行沒有。

於是歐債危機在二〇一一年開始醞釀，二〇一二年達到高峰。美國華爾街日報幾乎以幸災樂禍的態度，看待歐元集團的結構設計，這些國家使用同樣的貨幣，卻有各國自己的財政部、預算政策、退休制度、福利政策。

「當一個號稱的集體，卻沒有真實的連結，這樣的集團除了幻想，還有什麼可期待的？」

「歐元即將崩潰，這是早晚的事。它的存在，只是一群互相取暖的歐洲兄弟，異想天開的構圖。」

當時我在香港採訪被稱為歐元之父的孟岱爾（Robert Mundell），他也是一九九九年諾貝爾經濟學獎得主。他兩手一攤，先批評《華爾街日報》及許多美國「投資專家」的評論是「危言聳聽」，接下來他狠狠地說了梅克爾一頓。孟岱爾認為希臘債務危機就像加州破產，有什麼大不了？「是愚蠢的梅克爾，她的猶豫不決，擴大了危機。」他甚至大膽推論，只要歐洲央行與德國央行聯手，痛宰那些放空歐洲各國債務的禿鷹，這個危機可以在兩個星期內結束。

歐債危機時梅克爾曾經上過《時代》雜誌封面，《經濟學人》雜誌封面……上過希臘雅典機場的看板。那可沒有任何好評，她被稱為「沮喪的母親」「失敗的領袖」「希特勒女士」「小心，梅克爾來了」。

英國《經濟學人》雜誌記者如此嘲諷她對歐債危機的猶豫不決：「拜託，梅克爾女士，我們，現在，可以開船了嗎？」

甚至西班牙當地的媒體將她畫成一名性變態的性虐待者，腳底下踩的是可憐蟲乞丐西班牙總理。「哦，她是魔鬼終結者，是羅馬暴君尼祿。」

歐債危機後來在義大利總理一個等同於不信任案的法案幾乎走到懸崖，他拒絕下台，一個週末，義大利國債殖利率高至任何國家不可承受的7%。

梅克爾面臨的風暴事後想起來，難以置信。德國國內76%民眾反對紓困希臘，她若沒有足夠的把握，把紓困案送交國會被否決，歐元風暴會變成經濟核彈風暴。

之前我已經提到，她知道自己已在鋼索上，下面是懸崖，掉落下來，死的不是她一人，而是半世紀歐洲一體化的努力、全球更大的金融風暴；於是她以無比的智慧及耐心，和德國最大反對黨SPD社會民主黨先組成危機政府。她必須先在國會政治菁英中有足夠的把握，才能對抗不太了解危機嚴重程度的民眾。

這個過程，當然不會容易。經濟學家希望採取的行動，A、B、C……某個程度只是經濟裡的一小部分，民眾是不講理的！這是每個政府在危機中必須認識的危險，而且到處都是野心分子隨時想點火，把事情帶向更激進、更不可收拾的地步。

德國七十年前早有經驗，梅克爾不會讓極端力量升高。於是她吞下所有責難，一步步按照她規劃的步驟。時間不多，但她必須掌握德國國會多數席次，滿足他們的要求，她才能出手。

或許政治上不能忍受被扭曲和被妖魔化的人，必然不會成就任何大事。明哲保身的人，可以當修道士，當隱士。哪怕梭羅的湖濱孤獨，都是在彰顯對體制的反抗。

梅克爾先是有備而來抵達希臘。對於這個債台高築的國家，她沒有太多同情；但也沒有因自己被醜化成希特勒而震怒。

她回到古老的柏林圍牆價值。她說，這表示：「歐洲沒有藩籬，這地方的人民擁有充分的言論自由。」她如此回應那些雅典街頭極盡羞辱的圖像語言。

她知道這一刻大家都在即將撞上冰山的鐵達尼船上。

她知道希臘倒債對所有歐元區的危險，她也明白德國國內民眾並不了解災難臨頭，只是一昧的反對紓困希臘。她了解歐元區形成的政治及經濟背景。

而德國是最大受益者！

在堅持希臘必須改革的同時，她沒有向德國短視近利的大多數民眾妥協。她一步步的帶著大目標往前挪移，速度不會太快，當然不能太慢。當一切就緒，她把紓困方案交付國會，通過。之後，正如孟岱爾的預言，歐洲央行和德國央行聯手，對沖來自全球的禿鷹。

令梅克爾悲傷的是：這些放空資金大多來自於美國，華爾街。

歐元集團不只沒有崩潰，十年後，誰還笑梅克爾懦弱？

梅克爾處理危機的風格，冷靜、堅定、不討好、不退讓、持續溝通，完成妥協。她曾經說過，她討厭在對抗中成為英雄的人。

東德共產政權教會她一件事：擅長煽動的人，是危險的。

她不喜歡口號，也不屑於高亢的喊話。靜悄悄，飽受羞辱，她帶著歐洲、德國，避開了「冰川」。

2015 年，德國街頭出現要求梅克爾接納敘利亞難民的標語

歐債危機才剛剛度過，因為阿拉伯地區的動盪，二〇一五年，三年之後，敘利亞難民潮來了。

這個事件最終提高了德國的國際聲望，提高了梅克爾的歷史地位，但也明明白白注定她失去權力。

梅克爾取得權力的過程充滿了幸運、甚至莫名的僥倖，當敘利亞難民潮撲向歐洲大陸時，每一個沉在愛琴海的屍體，每一步踏上歐洲土地的腳步聲，都在扣問：「所謂歐洲價值是虛假的？或是真實的？」這些乞求呼喊的聲音，也問卡斯納牧師的女兒：「妳為何走上政治之路？妳還是當年的妳嗎？」

敍利亞難民潮時，已經是梅克爾擔任總理第十年。十年來形容梅克爾的字眼，不外乎妥協、優柔寡斷、猶豫不決……要不然就是務實冷靜。

梅克爾以一次行動，打破十年來所有對於她的敍述。二〇一五年九月三日，當敍利亞男孩庫迪美麗的臉龐躺在海灘上，如天使，告訴這個如魔鬼的世界，他要離開了。海浪白花，拍打小艾倫的臉，也敲打梅克爾的心。二〇一五年九月七日，四天後，梅克爾以難以想像的速度及熱情宣布德國將張開雙臂，歡迎敍利亞難民。

那一瞬間，世界多數人給她無盡的掌聲，敍利亞難民含淚稱她為「梅克爾媽媽」……但德國國內民意也開始分裂。一些人到車站設人道救援帳蓬，騰出廢棄學校安置難民。另一些德國人正在開始聚集，加入另類選擇黨。更嚴重的是反對者包括梅克爾同黨或是同一政治聯盟的重要人物。

梅克爾在她二〇二一年卸任最後一次例行的「夏日記者會」中，形容自己卸任後可以享受的奢侈心情：「沒有危機的生活當然更容易。你不必在危機中醒來。」不過話鋒一轉，她語重心長地說：「克服危機就是我們政治家該做的事。」

敍利亞的難民收容政策，先使梅克爾的政黨輸掉地方選舉，接下來她的最後一任競選前，她先交出黨主席職位，再承諾這將是她的最後一任；而且卸任後，不會再尋求其他公職。她為自己完全斷了後路，卻為約一二〇萬難民找到了新國度，遠離戰火，人生得以重來、開始。

如果回顧梅克爾的家庭、父母親的風範、她從政的初衷，似乎是一個合理的抉擇與句點。但，政治上，有多少人記得「初衷」這兩個字？有多少人可以放棄手中的大權，換取百萬人的幸福呢？這使得梅克爾不只是成長於童話故事般的小鎮，也使她的政治故事，如童話故事的結尾。而且，這個故事誕生在一個充滿恨和謊言的時代。

二〇二一年德國大選期間，也是梅克爾任期倒數計時之際，德國北萊因河畔發生了大洪災。**萊茵河上的羅蕾萊，德國著名的圓舞曲，淪為一首輓歌。**

洪水以不到兩小時的時間，沖走河畔如詩如畫的家園。暴雨持續，好似之前的毀滅不夠徹底，萊茵河，如驚濤駭浪。

「我深愛這條河，我無法置信，我們的萊茵河怎麼能這樣對我們？上帝怎麼能這樣對我們？」

終於雨停了，七天之後，堆積如山的垃圾，數不清的洗衣機、冰箱、汽車、塑料、化學品、汙水和建築垃圾……從洪水災難，變成另一場難以想像的垃圾海嘯。

一些志工前往災區，當他們悲傷地看著山河變色時，發現志工中有中東的臉孔。媒體發現了這件事，詢問他們，這些人用生疏的德語輕輕地表達他們的心聲：「想為德國做些什麼。」

梅克爾當年的競選口號：「為德國服務。」幾乎成為這些敘利亞難

2021 年萊茵河洪災，住宅區和市政廳畫廊都被淹沒

民相同的心情。

梅克爾卸任時接受德國之聲的訪問，提到二〇一五年敘利亞難民收容事件。她表示自己不喜歡稱之為難民「危機」，「因為人就是人！」她把這些因為戰爭而不得不離開家園，冒險到歐洲的人們，和 COVID-19 大流行相提並論。

她帶著濃厚的人道主義稱這兩個事件均是「對人們造成直接衝擊，顯示出『人類生命的脆弱』」。

二〇二一年八月她再度親眼目睹美國撤軍阿富汗的悲劇，即使幾個月後她即將離開政治，梅克爾忍不住表示，為了避免二〇一五年難民危機重演，歐洲應援助巴基斯坦等國以接納阿富汗難民。梅克爾告訴記者，喀布爾淪陷是個令人痛苦的發展。她說：「我們必須確保（對未來）深感擔憂的阿富汗人民，即使他們沒在德國機構工作過，也能在阿富汗周邊獲得安全的落腳之地。」

她的聲音，離本來她非常景仰的美國總統拜登的耳朵，非常遙遠。

她離開總理職務前，最在乎的德國氣候承諾，包括終結煤炭，啟動北溪二號增加天然氣，但這條天然氣管在美俄撲朔迷離的烏克蘭戰爭棋盤上，最後普丁選擇了戰爭，完全走入了迷宮。

二〇二一年十一月中旬，最後一次的歐盟峰會，最後一次的G20，最後一次的氣候大會，最後一次出訪。德國和世人此刻突然想起每看到梅克爾一次，就代表未來少一面。

沒有人相信她會違反離開政壇、不尋求公職的諾言。

梅克爾把最後的電視專訪留給了「德國之聲」：

「這的確是我進入執政倒數階段的訪問，我正在進行所謂的告別之旅，我在職位上還有最後幾天。一方面我很高興，但些許傷感也自然過程的一部分。整體來說我總是很高興完成我該做的工作，直到今天我仍然如此。」

在此之前，十一月三日法國總統馬克洪選擇了法國著名的葡萄酒產區勃根地的古城，做為法國告別梅克爾的最後一站。

這是一座屋頂色彩繽紛而聞名的建築瑰寶，也是勃根地產區每年名酒拍賣的場所。二十八年前法國密特朗總統與德國科爾總理在此舉行了德法峰會。馬克洪沒有選擇在艾麗榭宮舉行盛大國宴，而是在一個酒莊以私人晚宴款待梅克爾伉儷（饒爾先生難得出現了）。

他有非常私人的感情想表達，那不是典禮，不是社交。馬克洪以深情的眼神向這位女士前輩致敬，他沒有唸稿，一切發自內心，他說：

「沒有任何徵兆可以預期一個在東德接受教育的女孩，在一個被歷史撕裂的國家，有朝一日成為大國統一後的德國總理。謝謝妳從來沒有忘記歷史的價值，謝謝妳為歐洲所做的一切。」

「以個人的身分我想感謝妳，教導了我這麼多。感謝妳接受了這個曾經想要撼動一切，一個年輕急躁的總統。」

當馬克洪近乎低聲地說出這些話語時，當下從不洩露情緒的梅克爾真情流露，而且相當激動。德國之聲駐華盛頓記者推文寫道：哇！極少看到梅克爾在公共場合如此感動，一個難忘的時刻，為馬克洪總統喝采！

當記者詢問她，妳是否會懷念馬克洪？

梅克爾的回應是：「是的，我當然會想念馬克洪，就像我會想念其他許多同儕領袖一樣。因為我很喜歡和他們一起工作，因為國際政治必須經由彼此之間不間斷的討論，才能試著朝對方的立場靠近一點。他在國內的情況如何？他在國內面對的問題是什麼？」

2021 年 11 月 3 日，梅克爾獲馬克宏頒發大十字勳章。

歐洲領袖無不推崇她，是談判桌上的「妥協機器」，被認為總能突破談判僵局的梅克爾，靠的就是不毛躁，理解對方的立場，考慮彼此、德國及歐洲最大的利益，然後找到平衡點。

所以除了馬克洪，她甚至同樣贏得非民主國家強人領袖的尊重，包括普丁。

梅克爾在卸任前參加G20，她帶著當時名義上的財政部長，事實上是未來的德國總理蕭茲一起參加。她謙虛地向德國之聲表示：

「這並不是因為我有多麼慷慨大器，很幸運我的繼任者剛好也是現任的財政部長。所以他會參加G20，這很清楚，對蕭茲而言參與所有的雙邊會議的討論，是一個明確的信號。這樣我可以介紹坐在這裡的這一位、將是下一次在會議上發言的德國元首。我認為這很重要，因為有很多人關注德國，人們對德國發生了什麼很感興趣。如果他們覺得現任的總理和未來的總理在工作上有一個良好關係，在目前這個動盪不安的世界，我認為這是一個令人放心的信號，我覺得這樣做是對的。」

梅克爾的話語平淡，但她表現的政治高度是非凡的。

梅克爾在位十六年，卸任時享譽國際。但真的回顧，這十六年至少

2021 年 10 月，梅克爾最後一次以總理的身分與蕭茲共同出席 G20 羅馬峰會，左為美國總統拜登

每隔三年就是一個大危機，而且都是歷史性的危機。二〇〇八年金融海嘯、二〇一一年歐元危機、二〇一五年敘利亞難民潮、二〇一七年她自己的權力危機、二〇二〇年COVID-19大流行危機。

回顧十六年與其說梅克爾帶領德國一次又一次的度過危機，不如說這個五十一歲就「幸運」當上德國總理的老女孩，自那一刻起，並沒有多少個好日子享受她的權力。她的責任，她面對的艱困，她身處的危險，每一次都超越簡單的是非題。她因為信仰民主走入政壇，可是政治或經濟危機的答案，往往不是簡單「民主」兩個字。

這些當然都超過她本來的訓練和準備，我不知道她怎麼辦到的？她卸任前接受訪問，對於離開政壇這件事最大的感慨居然是：終於不用在危機中醒過來了！

但德國的危機並沒有因為她的卸任而結束，反而在她卸任前開始一步步成形另一個國際能源危機。

那個危機的名字叫做：北溪二號。一個從俄羅斯港口維堡（Vyborg），經由波羅的海底運送天然氣至德國的天然氣管：主要的承建者不是俄國，而是德國廠商。這回梅克爾遇到的「對手」除了她熟悉的普丁之外，另一個是她曾經崇拜的美國，一個德國外交政策七十年來長期依賴的美國。

儘管梅克爾在她的最後一任時漸漸發現她崇拜的美國已經改變了，尤其川普對北約組織成員國狠狠地當面訓斥之後。

當場梅克爾毫不客氣斜眼瞪了川普一眼，那一刻她知道「西方」在某種程度上已經「分道揚鑣」——分手了，歐洲及德國需要自己獨立的外交和國防政策，包括軍隊。

但相較於過去對於美國長期的信賴，這樣的時間仍然非常短，她並不習慣，甚至心裡感到遺憾。

二〇二一年十月二十二日是歐盟理事會成立以來的第二一四次峰會，是梅克爾以德國總理身分參加的第一〇七次峰會，也是最後一次。

梅克爾的好朋友美國前總統歐巴馬以影片向她特別致意：

2011 年 11 月 8 日，北溪天然氣管道落成啟用典禮上，梅克爾與俄羅斯聯邦總統德米特里．梅德韋傑夫（Dmitry Medvedev）、荷蘭首相馬克．呂特（Mark Rutte）及法國總理法蘭索瓦．菲永共同揭幕

「安格拉，我今天和妳在世界各地的朋友同事和崇拜者，一起向妳致敬！過去的一切證明了妳的性格，妳可能更喜歡在歐盟理事會的峰會上工作，而不是像此刻成為關注的焦點。但我很榮幸能夠頒贈自由勳章給妳，因為你致力於美國、德國和歐洲之間的聯盟對世界所代表的意義。」

「很少有政治領導人能夠將他們的信念置於狹隘的自我利益之上。您敬愛的德國人民和全世界，感謝您這麼多年，一直站在制高點，多虧了你們，世界才挺住了許多風暴。很多人，女孩和男孩，男人和女人，從此都有一個榜樣，他們可以在充滿挑戰的時期，仰慕著您。我知道，因為我也是其中之一。」

歐巴馬語畢，全場歐盟領袖

2021 年 10 月，梅克爾在比利時布魯塞爾舉行的歐盟峰會上與各國領袖合影留念

起立鼓掌，梅克爾顯得有些尷尬。

除了十六年或是一生她都不習慣成為焦點之外，事實上她正同時承受著來自大西洋彼端美國白宮新主人的壓力；美國持續要求她停止運轉北溪二號，梅克爾拒絕了。

梅克爾拒絕的理由，正是梅克爾受到尊敬的原因。

德國在聯合國氣候變遷大會上承諾二〇三〇年前終結煤炭，而煤炭發電在德國電力中占比高達29％；德國迫切需要穩定且不能太昂貴的天然氣，才能在氣候承諾和經濟中平衡。

眼前看除了俄羅斯以外，沒有其他賣方。美國提議改向美國採購液化天然氣，除了價格昂貴之外，它的供應必須先液化經由天然氣船穿過大西洋，在沒有太大風浪前提下，送抵德國。這對於德國，是既昂貴又不夠穩定的能源選項。德國不是美國，梅克爾不是拜登；當她們在COP 26氣候變遷大會上承諾時，就是承諾。

因為對梅克爾而言，這是當代政治領袖對下一代及未來人類的責任。它，沒有打折扣的空間。

其次德國國內早已充分辯論北溪二號是否將使德國過度依賴俄羅斯

能源。但這個選擇可能代表德國在終結煤炭之後，回頭擁抱核能。

這一點違反了梅克爾、綠黨對德國民眾的承諾。

德國不是歐洲唯一受俄羅斯軍事威脅的國家。二〇一四年，一艘俄羅斯潛艦在瑞典首都斯德哥爾摩外海出現，瑞典政府經過辯論，決定停止經由公投表決通過的逐步廢核，保持核能發電廠，使瑞典擁有自主能源，確保國家安全，才能免於俄羅斯輪盤的危險遊戲。

第三項也是最重要的一項，儘管當時普丁已和白俄羅斯聯手，不管是以阿富汗難民為人質在波蘭邊境製造危機，或是集結軍隊於烏克蘭境外挑釁性的演習，普丁政府的目標自二〇〇八年、二〇一四年，已經數度表明清楚，並劃下紅線：軍演的目的是禁止北約組織將烏克蘭納入。

普丁的要求過分嗎？

一九六二年蘇聯準備運送飛彈至古巴，美國總統甘迺迪以世界戰爭威、談判，最終花了十三天，化解危機，他說服時任蘇聯總書記的赫魯雪夫，飛彈回頭回到蘇聯。

古巴和華府的距離，遠大於基輔和莫斯科的距離。從烏克蘭首府發射飛彈至莫斯科，只需兩分鐘的時間。

美國前國務卿季辛吉二〇一四年早已提出警告，法國總統馬克洪主張讓烏克蘭「芬蘭化」，也就是成為中立緩衝區。

對於梅克爾而言，這件事無關普丁是否有他的俄羅斯大帝之夢，而是國際事務現實的考量。北約組織不會冒這個險，德法在二〇〇八年早已會投下否決票反對烏克蘭成為北約成員；因為那不是民主的象徵，而是戰爭的開始。

梅克爾出身科學家，她後來在外交事務上既冷靜而且細膩。嚴格來說，她並沒有深厚的國際政治訓練。

相較於自二十九歲即在美國參議院外交委員會擔任主角或是主席的拜登，處理俄烏衝突的混亂、和普丁彼此梭哈……鼓勵烏克蘭總統加入北約……終而演變為戰爭。

這場本來可以避免的戰爭悲劇，最終除了為美國賣液化天然氣及武器成功、賣高油價賺入外匯之外，全球尤其美國通膨惡化，糧食、小麥、玉米（俄烏占全球29％產量）、雞肉、雞蛋……萬物皆漲。尤其俄羅斯正式於二〇二二年二月二十四日侵略了烏克蘭，烏克蘭人成為二十一世紀另一個大悲劇。他們的國旗在藍黃之外，染上了血色。

烏克蘭戰爭之後，我想如果梅克爾仍是德國總理，事情會不會有所不同？我的答案：一切關鍵不在歷練，而是「政治的目的」。歐巴馬的話言猶在耳：「很少政治人物可以將他們的公共信念置於私人狹隘的利益之上。」

梅克爾總理十六年做到了，普丁、拜登顯然不是。

奧地利前總理是一位極右派，他在歐洲峰會上仍然不得不表達他對梅克爾的佩服：「她會留下一個洞，一個長期擔任其職位、對塑造歐盟如此有影響力的人，顯然會留下一個漏洞。可以說，她是歐盟內部平靜的避風港。」

二〇二一年十月二十六日，新當選德國聯邦議員正式開會，第二十屆七三六名議員正式就職，其中40％為新任議員，三十五歲以下的年輕議員一共九十二位，德國正式啟動後梅克爾新時代。

這是十六年來第一次梅克爾不再站在議會的中心位置，但是不變的是新議會全體議員，為她起立鼓掌。

德國總統史坦邁爾（Frank-Walter Steinmeier）感動地表示：

2021 年 10 月 26 日，在德國柏林舉行的德國議會下議院就職會議期間，梅克爾坐在右上方貴賓席觀禮

「在這裡政府和議會中的民主力量，確保兩極分化和挑釁不會盛行，過去的共同努力是成功的。這不僅是民主的成功，這也是一個立法議會制度的成功。它肯定會在子孫後代的記憶中，成為標誌。」

「總理女士，我現在請您上前，非常感謝您！」

這一天，十月二十六日德國總統史坦邁爾正式解除了梅克爾的總理職務，並稱許她執政的十六年是：「德國現代史的最偉大時期之一。」

他沒有說出的是：德國因為梅克爾，永久揮別了希特勒。德國成為全球民主制度中抵擋民粹主義、極端主義最成功的國家，它不只成為民主典範，在英美皆出現民主治理的破綻時，德國證明也示範了什麼是真正的民主；她的無私挽救了民主政治。

接任梅克爾的蕭茲，兩人分屬不同政黨，一起合組危機政府兩次。蕭茲第一次即將身為總理的公開談話完全繼承梅克爾的精神：「成為一件事情的1％，總好過什麼都沒有。如果我們可以為這個國家的人民做些什麼，如果我們可以為歐洲和歐洲人民做什麼，我認為我們參與執政時，必須符合普遍多數人的利益。」

相對白宮、克里姆林宮五個月來對於烏克蘭的高分貝，二〇二一年十月起梅克爾、蕭茲一直維持沉默。

他們一方面在關鍵時刻直接和普丁會談，一方面只承諾美國：若俄羅斯正式入侵烏克蘭德國將停止使用北溪二號；一方面短期內向美國光二〇二一年第四季就購買三八噸左右液化天然氣。

最重要的，梅克爾正在思考一個符合氣候及能源的歐洲能源共同框架。

「我們確實相信一個一體化的歐盟能源市場，可以確保歐盟公民，提供安全且負擔得起的能源供應。這是最具成本效益的方式。」這是去年十月梅克爾聯手馬克洪，留給歐盟的禮物。

從《馬斯垂克條約》、歐盟、歐元貨幣一體，再走向一體化的歐洲能源市場。

瞧！直到最後卸任，她還是危機總理梅克爾！直到最後一刻，她解決問題的方案還是一整個框架、更長遠、更可持續的能源計畫！

瞧！這裡無涉她個人的任何利益。

梅克爾在下台前最後外交訪問俄羅斯、烏克蘭、波蘭……她希望避免戰爭，希望改變普丁，希望烏克蘭加入其他歐洲基礎5G、歐洲共同電網、貿易協定——而非北約組織。事實上外電曾報導，在普丁開戰之前，德法兩國曾經承諾會否決烏克蘭加入北約組織。但普丁選擇了戰爭。

梅克爾沒有成功，她八月訪問烏克蘭，九月一日美國總統拜登在白宮接見烏克蘭總統澤倫斯基，鼓勵且支持烏克蘭加入北約組織。於是不只她任內建設七年的北溪二號終於不可能運轉，德國必將更依賴煤炭發電，或是購買法國核能之外，七十年來的第一場歐陸戰爭爆發了。

梅克爾正式下台後不到四個月，歐洲已經不是她認識的歐洲。這場戰爭，除了讓歐洲付出龐大的代價外，氣候正義被擱置，煤炭重啟且短期內無法關閉，人類正因這場戰爭陷入另一個惡性循環。

歐盟請她以和平特使的身分斡旋，她拒絕了。不只她已退位，她知道一切已太遲了。

梅克爾離開德國議會。攝於 2021 年 11 月

再也沒有人讓我做緊迫的夢，
我不需要一個職位或其它東西。
願一切都得到照看。
在我熟悉的城市裡，
花香正在建造天堂，
我的房間在那邊。
城市盡頭是自由的花園，
葡萄酒、香檳
誰說過要帶毛衣？
人生只要淡泊無欲，什麼都靠得住。
在睡夢散開的花香中，我夢中的父親捎來一條信息，他說：這是我的詭計，當年帶著妳去了東邊。
妳不必扔掉童話書，不論什麼時候。
因為愛無害，使命無害。
柏林周圍的葉子，早已標注記憶，繞了一圈，妳回來，你退下。
花朵再度綻放。

羅斯福夫人

她的伯父是美國前總統，

她出生於紐約上等家庭，卻有個悲慘的童年。

她成為美國永遠的第一夫人是因為良善、慈悲、

了解苦難的良知。

她把自己曾經的痛，變成大愛。

“美國歷史上最傑出的
第一夫人”

第一講

走出童年陰霾

伊蓮娜雖然出生於上流家族，卻有著悲慘的童年。幸好她有個疼愛她的外婆，送她到倫敦的艾倫斯伍德女子學院就讀，讓她對自己重拾信心。在女校長的鼓勵之下，她不再對生命感到害怕，堅信一個人只要夠善良、夠熱愛別人就無需畏懼。

我想為大家介紹的第二位改變歷史的人物是一位女性，但她在丈夫離世之前不曾尋求公職，她的名字叫伊蓮娜．羅斯福（Anna Eleanor Roosevelt），著名的美國第三十二屆總統，富蘭克林．羅斯福（Franklin Roosevelt）的夫人。不過，她所以姓羅斯福，並非因為她嫁給小羅斯福才冠了夫姓，她本來就是美國第二十六屆總統西奧多．羅斯福（Theodore Roosevelt）的姪女。

我為什麼特別想談她呢？

因為她開創了太多第一夫人的先例。曾經有一段時間，她被稱為「全世界最了不起的女性」。

我想先從她被提名諾貝爾和平獎談起，當時法國著名的外交家曾經對伊蓮娜．羅斯福做出這樣的評價：「她最偉大的貢獻是擇善固執。她不願意看到有人受苦，不論老弱婦孺、不論本國人或外國人、不論窮人或失去國家的難民。」

一九五八年，她過世前四年，曾經在聯合國發表演說。她說：

「世界人權究竟怎麼開始？從最小的地方，從最靠近家的地方，但是，往往因為太靠近了，無法在世界地圖上找到，更無法被虛假的政治人物看到。正是這些地方，是每一個人的小世界；是每一個人居住的社區；是一般老百姓就讀的學校或是學院；是小人物工作的工廠、農場和辦公室。這樣的地方是每一個人，不分男人、女人或小孩，尋求公理、和平等機會之處。除非這些權利在那裡具有意義，否則，你們所宣稱的口號，你們所宣稱的主張，在這些地方都不具備太大的意涵。我們若不能關切人民的活動，並且扶植他們最靠近的家，那麼我們號稱將在較大的世界裡所做的努力，都只是一場枉然。」

看到這一段話你應該有點明白，為什麼有人稱她是「最了不起的第一夫人」。羅斯福總統在世的時候，她輔助他推動「新政」，照顧勞工、婦女、黑人、童工和弱勢團體。羅斯福總統死後，她沒有淡出政壇，而是在眾望所歸之下出任美國首屆駐聯合國大使，她花了兩、三年的功夫到處奔走，率領小組起草聯合國「世界人權宣言」。比較起來，希拉蕊．柯林頓（Hillary Clinton）也是第一夫人，並且曾經問鼎美國總統選舉初選，卻從來沒有人用這個角度來稱讚她，甚至有些人因為她的虛假而投了川普。為什麼？因為希拉蕊不具備伊蓮娜的理想高度。

1947 年伊蓮娜於聯合國發表談話

伊蓮娜．羅斯福雖然出生在上流社會，家境很好，她的童年卻非常悲慘。我喜歡研究一個人的出生與人生，如果看伊蓮娜．羅斯福的人生，你就會覺得人生不同面向之間的反差實在太大了。

伊蓮娜是在一八八四年十一月十一日出生，她的父母親都是屬於紐約上流社會，也是一對人人稱羨的年輕夫妻。她母親安娜・霍爾是部長的女兒，父親艾略特・羅斯福的哥哥就是西奧多・羅斯福（Theodore Roosevel），美國第二十六屆總統。艾略特在伊蓮娜小的時候不只英

童年時期的伊蓮娜和她的父親艾略特・羅斯福（Elliott Roosevelt），攝於 1889 年

伊蓮娜的母親安娜·霍爾（Anna Hall）

俊瀟灑，酷愛戶外活動，而且交遊廣闊。所以伊蓮娜常常說，她的父親是她童年的偶像。她喜愛父親對待她的方式，她從不懷疑自己在他心中第一的位置。

可惜這並非事實，而是一個小女孩給自己的幻想及安慰。

那位部長女兒的母親，長得非常漂亮，不過帶著點虛榮心，她覺得自己的女兒長得不漂亮，還揶揄她是老奶奶（Granny）。如果所謂的美麗完全是以外表而論，看過伊蓮娜·羅斯福從年輕到老的照片，你可能不會覺得她是一個外表美麗的女人，她的嘴巴很厚、微微凸起來、眉宇深鎖。比起小羅斯福的瀟灑大方，她真的只是相貌平平。伊蓮娜童年，甚至在她進入青春時期的時候，都覺得自己既笨拙又醜陋。

隨著伊蓮娜的成長，到她六、七歲的時候，她的家也開始崩垮變調！她的父親變成了一個大酒鬼，每天除了出去狩獵、搭遊艇，就是喝酒，喝到爛醉，性情大變。當時，羅斯福家族認為酗酒是道德淪喪的前奏，而且艾略特已經失去控制自己的能力，決定將他逐出家門。父親離開以後，伊蓮娜就睡在她媽媽房間。媽媽並不特別喜歡她，反而是她整天想靠近媽媽，欣賞母親美麗的倩影。她媽媽並不想花什麼時間在她身上，每天晚上，即使丈夫已經離開家，她仍然打扮得漂漂亮亮出門。伊蓮娜長大以後曾經描述她的母親：「她長得真美，只要能夠摸摸她的衣服、首飾，我就會感激不盡。」，她沒有說過任何批評母親的話，她好像一個很卑微的人，覺得可以摸到母親，就像摸到女王一樣！

有一段時間，羅斯福一家人為了挽救艾略特，還特地前往歐洲旅行。他們在巴黎郊外租了一間房子，但艾略特當晚立刻逃掉！一連好幾次，羅斯福家族想幫助這個家，讓這個家還可以是一個完整的家，可是艾略特很快又逃家，而且在外面與其他女人同居。回到紐約，安娜發現艾略特已經跟家裡的管家凱特發生關係，並且懷了小孩，管家凱特直接要羅斯福家族付她們母子贍養費，否則要把事情公諸於世。凱特之所以敢這麼要脅是因為羅斯福家族很有名，而且艾略特的哥哥馬上就要競選副總統。

艾略特後來被強迫送到遠方維吉尼亞州的一個小鎮，在某個親戚的煤礦坑裡頭做些簡單的管理工作，但是他每天還是喝酒。艾蓮娜由媽媽帶了一段時間。更不幸的是，八歲的時候她媽媽生病，伊蓮娜看母親萬般痛苦，終日服侍在側，靜靜地為母親做頭部按摩。她覺得自己可以幫得上母親的忙，是一生中最大的喜樂。後來母親病情惡化，她們被送到外婆家。外婆家在紐約市裡，我們現在常說的褐石大宅（brownstone house）。不過，褐石大宅跟羅斯福總統他們那種羅氏大宅是不能相比的，它比較屬於城裡的大宅，房子寬敞、漂亮。

沒過多久，伊蓮娜的母親就因為白喉病病逝！死了以後，爸爸來看他們，由於她父親有酗酒等不良紀錄，外婆取得了孩子們的監護權。她爸爸每次來，會跟她說一些好話，伊蓮娜也在日記寫道：「父親與我很親近，我相信總有一天我們會生活在一起。而且，父親要我常常給他寫信，用功讀書，當一個不惹麻煩的乖女孩，長大後要成為一個令他驕傲的女兒。他只要一有機會就會來看我。」事實上，她爸爸只是編織一個美妙的親子夢，很少探望他的女兒。她寫過好多信，他不過回了幾封，但是伊蓮娜卻視如至寶，一一珍存。

伊蓮娜失去了母親後，隔一年春天，跟她一起長大的弟弟小艾略特，竟罹患猩紅熱，又不治死亡。小時候的她有很多失去；在死亡、離開中掙扎著，然後嘗試繼續愛這個世界，包括她的爸爸。但唯一的至親爸爸，說好來拜訪她，有時候根本沒有現身，有時候又突然出現，讓人

1892 年，艾略特和他的三個孩子（從左到右）霍爾、伊蓮娜和小艾略特

無法預期。伊蓮娜每次總是坐在褐石大宅前的石階等爸爸，有時候甚至等到深夜，她承認今天爸爸不會來了。所以她和爸爸的感情很特別，伊蓮娜曾說：「潛意識裡我一直在等待他的來臨，不論在房裡，或者在戶外，總會自我想像聽到他踏進前門那一刻的聲音。我的房間離門口有兩段樓梯，我害怕自己走樓梯下樓太慢了！每次只要我感覺他來的聲音，就從樓梯扶手溜下來，好在他還沒來得及掛上帽子的時候，可以飛快地投入他的懷裡。」

結果他弟弟死了以後，爸爸的信來得更少，她發現原來爸爸更愛的是弟弟。但是，她並沒有放棄對父親的愛，她仍然相信她在父親心目中的位置。

伊蓮娜的童年就是如此渡過的。事實上，她爸爸爽約的次數比答應的次數還更不可考，但是她總是能夠原諒她父親不負責任的行為。比如說，有一次，她爸爸來看她，他們一道出去遛狗，爸爸在中途就把她和小狗交給荷蘭俱樂部看門的一個人，說：「幫看我一下我女兒跟這隻狗。」之後就不見人影，六個鐘頭後才爛醉如泥回到原來的地方。那個荷蘭俱樂部的門房只好幫他們叫了計程車，送回去她的外婆家。外婆大

學生時期的伊蓮娜

怒，從此禁止她爸爸登門造訪。

事實上伊蓮娜的父親一直都住在紐約，離他們住家不到三條路的地方，與一名女子同居。這個悲劇，一直到伊蓮娜十歲的時候才終結。

她爸爸有一天又喝個爛醉，不小心從住處樓上的陽台欄杆掉下去，過不久因腦部受傷癲癇死亡。

伊蓮娜八歲失去母親，九歲失去弟弟，十歲又沒了父親。而她一個人，住在豪宅裡，幾乎沒什麼親情可言。父親死的那一天，伊蓮娜沒有懷恨，她含淚入睡，她說：「這一天，我和父親更親近了，也許比他生前更親近。我不必再等他的腳步，因為他隨時住在我的心裡。」

這些童年所有的點點滴滴，也形成伊蓮娜心中脆弱的影子。

伊蓮娜的外婆曾經這麼形容伊蓮娜，她說：「這可憐的孩子，在短短的人生中經歷了萬般痛楚。但這使她長大之後，再大的風浪，都能處之泰然。」她和最小的弟弟住在外婆家裡，家中還有舅舅、姨媽，偏偏舅舅也是個酒鬼。還好家裡有錢，所以外婆決定，讓她可以好好接受學校教育。

伊蓮娜跟那個時代的一般女孩子不一樣，當時的女孩子長大只想好好嫁個好人，當家庭主婦。她喜歡研讀詩詞，更喜歡讀希臘、羅馬史，她不是只看《小婦人》那類小說，她學習法文，讀雨果的小說。在那個時候，大多數的少女的教育，不是舞蹈課就是禮儀課程。但是對伊蓮娜來說，上舞蹈課苦不堪言，她寧可好好念「枯燥」的「羅馬史」。外婆家境算是很富裕的，同樣在哈德遜河旁邊，也有棟他們家的別墅。她很喜歡在別墅遊玩、讀書，尤其一個人爬到樹上讀書。她幾乎讀遍了家族圖書館龐大書房裡頭的所有書籍。

所以我常常跟很多人說，**如果你想好好教育你的小孩，不是逼他，但要有一種教育氛圍，至少有一個書房。他如果是一個有慧根的孩子，**

就會自己讀書，把讀書當成生活的一部分。

大多時候，伊蓮娜覺得自己很遜，笨手笨腳，無法跟那些上流社會的小孩們打成一片，不論玩戶外遊戲、打獵。她覺得自己樣樣不行，更不要說參加社交場合或跳舞。有一次她參加一個耶誕舞會，和一堆人群聚一堂，她頭低低地，很害羞、很內斂，結果她的遠房堂哥富蘭克林．羅斯福發現了她，並且邀她共舞。

小羅斯福的家族富裕，他從律師、紐約州參議員、海軍助理部長、一路當到美國的總統。如果從兩人的家族背景來說，伊蓮娜也屬於上流社會名媛，用世俗角度頗符合小羅斯福的身分地位。外婆曾經認為即使她長得不好看，恐怕也應該想盡辦法，讓自己看起來體面一點。但是她一點都不在乎外表，從小成長的特殊陰影，成為她生命裡頭很特殊的影子，她懂得體恤一些需要幫助的人，她在閱讀裡徜徉自己的心靈。她的外貌也許中等，甚至中下，但她可能是心地最美的人，有一顆慷慨無私的心。

她認識堂哥時心中不是覺得這個男人好帥，而是充滿無限的感激，因為她覺得自己只是個醜小鴨，不會有人來邀請她跳舞。那個時候小羅斯福十六歲，大她兩歲，她才十四歲。

伊蓮娜快十五歲的時候，外婆把她送到英國讀書，外婆覺得她的舅舅愛喝酒，她的爸爸以前也這樣酗酒，她不希望小女孩再受影響，就把她送到倫敦城郊外的一個寄宿學校——艾倫斯伍德女子學院，在這裡她待了三年，也永久改變了自己的一生。

艾倫斯伍德學院的校長鑾特別的，也是名女性，名叫馬利．索斐翠。索斐翠校長的精力充沛，她的教育方式一點也不八股，她鼓勵又疼愛學生，而且要學生們學習自己是一個獨立的人，不只是女人，要為自己著想。學生私下可以叫她索爾，不用稱她校長。伊蓮娜從來沒有看過這麼自信的女人，她看到校長勇敢地面對生命的挑戰，

艾倫斯伍德女子學院（Allenswood Boarding Academy）。攝於 1902 年

馬利・索斐翠（Marie Souvestre）校長

深信可以在很多人的努力之下，創造更美好的世界，而且人人有責。

伊蓮娜非常崇拜她，她小時候原來崇拜她媽媽，可是媽媽使她自卑，索斐翠改變了她的一生。她不再需要為自己的外表感覺到自卑，她曾經問校長：「到底一個女人什麼是最重要的？美麗的外表？還是文雅的談吐？」校長告訴她：「誠實、真誠，還有熱心助人，才是最重要的。」這成了伊蓮娜一生最重要的座右銘。

當時她寫下了一段日記：

> 我感覺自己真的開始一個嶄新的人生態度，我拋開了童年時期舊有的罪惡，還有我傳統的自卑。我第一次感覺我不再對我的生命跟自己感到害怕。我以前覺得只要循規蹈矩就可以，現在不是了。我認為我只要夠誠實，我夠熱愛別人，就無需感到畏懼。

對伊蓮娜而言，艾倫斯伍德這家寄宿學院，等於為她打開了一扇窗子。她還加入學校的曲棍球隊，原本上流社會的戶外活動，她樣樣都不擅長，覺得自己笨手笨腳，現在居然有勇氣參加。第三年，女校長就帶著她們去法國、去義大利旅遊，這些經驗改變了她的未來人生。她從此愛上了旅行，並且常常自助旅行、到各處品嘗名產，拜訪一些遊客不常出入的地方。

伊蓮娜的表妹原本認為伊蓮娜不怎麼出色，後來卻大吃一驚，發現毫不起眼的表姊，竟然變成學校裡的頭號風雲人物，而且是校長最得意的學生！不過一個人如果是學校風雲人物及校長最得意的學生，總會在學校裡頭受到排擠與忌妒。但是伊蓮娜人緣很好，她樂於幫助別人，如果有學妹功課不夠好的，她也會輔導她們。她的長相使她自己非常謙卑，大家反而覺得她人很好，不會忌妒她，她也因此在艾倫斯伍德寄宿學院度過了最快樂的三年，才回到紐約。

回到紐約的時候，她看到舅舅酗酒、在家裡頭咆哮、打架，而且會拿槍對著草坪上的人開槍，搞得她外婆心驚膽戰。但是伊蓮娜不再感到沮喪，也不再害怕，她說：「我從我舅舅身上真正體驗到，一個人完全失去自制能力的糗態，我也了解我父親失去自制力之後，所出現的悲劇。」她不再像小時候那樣自欺欺人、自憐自艾。她不想待在家裡，想起原本校長希望她所做的事，她選擇到紐約東邊低地、一個叫威明頓（Wilmington）的地方工作。

威明頓是個貧民窟，治安敗壞，一般上流社會的紐約人不敢去的地方。她不只去那裡，而且在那裡的社會福利中心工作，擔任教職，教育當地貧苦兒童一些基礎功課、舞蹈、體操。這份工作給了伊蓮娜很高的滿足感，並且讓她找到了生活重心。而就在這個過程裡頭，她再次遇見了遠房堂哥富蘭克林．羅斯福。

小羅斯福那時是哈佛大學四年級的學生。他看到他的遠房堂妹，從一個頭低低的、自卑的人，變成抬頭挺胸、熱衷社會福利工作的人，非常驚訝。小羅斯福自小也是對社會弱勢有強烈同情心的人，他開始喜歡上伊蓮娜，不是因為她的害羞、內向，不是因為她的含蓄，他喜歡的是她樂於助人。

慢慢地他們開始約會，然後訂婚，一年後就結婚了。小羅斯福的母親原本很反對這樁婚姻，但是經不起羅斯福的遊說，只好同意，並且送給他們很好的結婚禮物。現在我們看伊蓮娜結婚時穿著白紗禮服的照片，她沒有太多笑容。她說自己每一次面對照相機，就覺得她還是童年時候的她，毫無自信，所以，即使結婚照也沒有笑容。雖然很少有笑容，她的婚禮在當時紐約可是一件大事。婚禮在一九〇五年三月十七日舉行。

之所以選在三月十七日那天舉行，因為這一天剛好是美國聖派翠克節（Saint Patrick's Day），老羅斯福總統一定會親自蒞臨主持遊行，那個時候，伊蓮娜的總統伯父就可以同時到附近小羅斯福家的大宅參加婚禮。由於伊蓮娜的父親已經墜樓過世，所以她的伯父，也就是西奧多、羅斯福總統，代替他的父親，牽著新娘的手步入禮堂。

這個故事聽起來就有點像灰姑娘的奇遇，伊蓮娜雖然一直都沒有經濟上的困難，可是富蘭克林・羅斯福是一名風流倜儻的大帥哥，娶了一

伊蓮娜的婚紗照

個長相平凡、童年充滿了不幸的女人。那天伊蓮娜穿著高領綢緞蕾絲禮服，某個程度來講，其實相當高雅，客人也說認真看的話，伊蓮娜不見得比她媽媽遜色。不過那一天大多數人的目光都集中在老羅斯福總統身上，小羅斯福家族也覺得因此能光耀門楣。當老羅斯福走進羅氏大宅的時候，所有人都湧進來。

這是一場盛大的婚禮。新婚夫妻之後去了歐洲旅行度蜜月三個月，不過，小羅斯福邀妻子爬山、騎馬、打高爾夫球，她都不肯，因為她怕自己出糗。她更在乎的是，他們見到許多歐洲政要，政要們問她，美國聯邦政府是怎麼運作的？有什麼不同？她很在乎自己答不出來，所以一回到美國，身為一名女性，她加倍用功，勤讀美國政治。

我手中有一張羅斯福夫人那時候到威尼斯旅遊的照片，當時的伊蓮娜．羅斯福其實有那個時代女性的含蓄美。她坐在威尼斯運河中的平底輕舟，戴了一頂蠻漂亮的草帽，認真看報紙，想了解生活裡某些惡劣的現象是如何產生，人要怎麼才能脫離惡劣的環境，如何幫助那些真正生活貧困、需要幫忙的人。

伊蓮娜在義大利威尼斯度蜜月，認真地看報紙

第二講

新女性的覺醒

伊蓮娜所以偉大，不是因爲她懂得體恤他人之苦，跨越自己的階級，更不是她在羅斯福的婚外情出現時的自處，而是她因童年、婚姻的挫折，學會了如何面對逆境，寬容他人的脆弱，收下自己的痛，然後把自己歷練出另外一個面貌。這個過程當中，世界出現了一位新女性，她不是爲一個男人、爲一個家而活，她更願意爲國家、爲時代挑起作爲一個人的責任。

伊蓮娜在伯父西奧多．羅斯福的牽引之下，風風光光地嫁給瀟灑迷人、前途無量的大帥哥律師羅斯福。結婚之後，羅斯福只當了短暫的律師，羅斯福不是一個屈居律師工作的人，他很快地投入政治活動，羅斯福夫人在羅斯福的問政路上也發揮了最大的助力。投入政治活動之後，伊蓮娜感慨地說：「我原以為每一位政府官員都能夠體察民怨、伸張正義，後來才了解這個想法，多麼的天真。」這句話，多麼代表了天下人的心聲；直到今天。抱持理念投入公職、並把信念置於個人或是政黨狹隘利益之前的人，太少了。

羅斯福第一次參選在一九一〇年，他是民主黨員，第一次參選就展現不凡人物的風格，他選擇的選區故意選在民主黨已有一百年沒贏過的選區。羅斯福決定採用一種新型的選舉方法，他租了一部漆得亮紅的旅行車，雇了一名司機載著他們夫妻大街小巷地跑。花了一個多月走遍選區裡頭每一個鄉鎮的大街小巷，羅斯福爽朗的個性及樸實認真的表現吸引大眾的好感，他很快地成為政壇裡的新星，並且為民主黨在紐約州此區贏得百年來第一個州參議員的席位。

當選州參議員後，他們全家就搬到紐約州首府亞伯尼（Albany）。在亞伯尼，伊蓮娜展現她擁有的某些天賦。她輔助羅斯福深入調查他想了解的民間事務，同時研讀文件後把重點摘錄出來。她不是為丈夫拉票唬爛的妻子，而是研究政策的頭號助手。她可以從很多訪客的意見中整理出頭緒，羅斯福非常欣賞她獨立作業的能力。她雖也料理家務，但不是全部大大小小的事情她通通都管。

那個時候他們住的房子很豪華，不管是亞伯尼的房子，或者是其他別墅都很大。在緬因州外海的坎波貝洛島度假山莊，小羅斯福夫婦有個有三十個房間、很像穀倉的別墅，這些都是羅斯福的媽媽送給他們的結婚禮物。夫妻倆的作風很不一樣，某個程度來說，羅斯福還是比較屬於上流社會、哈佛畢業的男人，喜歡過好日子，參加熱鬧的政治活動與社交活動，也有興趣享受奢華的生活。羅斯福永遠都是西裝筆挺，但我們很難在伊蓮娜身上看到華麗的衣裳。

一九一三年，美國總統威爾遜（Wilson）任命羅斯福為海軍助理部長，他們全家搬到華盛頓。伊蓮娜也在那裡親眼目睹了華府的各種政治活動，伊蓮娜很厭惡當時的繁文縟節、虛情假意，她覺得華府的人物虛假無比。她也看到華府的女性幾乎都是社交體制下的奴隸，因而萌生了一些替女性打抱不平、爭取女權的想法。她覺得很多女性都相當傑出，卻被埋沒，盡可能地想幫助她們。

在家裡，她也要款待政治領袖與其他官員，羅斯福家的客廳往往有熱烈活潑的談話，伊蓮娜也不是安靜地坐著聽而已，她好像主持人一

坎波貝洛島度假山莊是莎拉・羅斯福送給小羅斯福和伊蓮娜的結婚禮物，現為公園和博物館

樣，很會激勵在場人士說出自己的想法，所以贏得很多人對她的尊敬。

在那個年代，她已和一般的女性顯得相當不一樣，為能了解富蘭克林的一些工作，她會陪他去很多地方。

小羅斯福後來為什麼會成為美國總統而且表現那麼出色，其實從許多小細節就可以看出來。例如他擔任海軍部部長時，到南方一個海軍造船廠視察，伊蓮娜後來回憶，她剛開始很不耐煩，羅斯福就告訴她：「從角釘和接合處就可以看出一艘船是否打造得精密，維修得好或不好，這些小地方都會影響船員的安全，最終影響海軍部隊保衛國家的實力。」對伊蓮娜而言，這是一趟重要的旅程，她認為一個人要在旅行過程中多觀察、多看細節、提出問題，才能真正掌握實情。

隨著羅斯福成為華府最有魅力的人物之一，很多善於調情的女人也跟他開始有了進一步的往來；沒有多久，伊蓮娜發現，她聘請來幫她處理書信的私人祕書露西．莫塞爾居然也是其中之一。露西是一位來自於貴族家庭的年輕姑娘，很多人都希望能夠邀她參加舞宴或晚宴。羅斯福的朋友們也很喜歡有露西作陪，她既美麗、可愛、又落落大方，羅斯福

露西・莫塞爾（Lucy Mercer）

暱稱她「可人兒露西」。

那個時候，伊蓮娜忙著生小孩，她在十年內一共生了六個小孩，其中一名早夭。在從政的過程當中，羅斯福最愉悅的時刻，就是跟朋友們談天說笑、拜訪群眾，伊蓮娜往往退守一旁、拘泥不前。羅斯福喜歡美酒佳餚，穿華貴的服飾；他認為關心弱勢是一件事情，但自己的穿著還是要很體面。伊蓮娜則是絲毫不看在眼裡，衣服也隨便穿。但是露西完全不同，每天都穿得非常地美，是位讓人看了就不會忘記的美麗小女人。露西有點像歐洲電影裡的貴族女人，迷人，一眼望去就是女主角。

有一次富蘭克林到歐洲旅遊，他當時還不是總統，因為染上肺炎，只好抱病回國，伊蓮娜幫他整理行李時，赫然發現幾封露西寫給羅斯福的情書，那時他還在海軍當助理部長。看到信後，伊蓮娜心中多年來的憂慮得到了證實，這位年輕貌美的女人、「可人兒露西」果然就是丈夫的情人。這個時候，她覺得很痛苦、無能又無助。

她並不想留住這段婚姻。她告訴他，她願意成全他們，兩人可以離婚。

但是羅斯福發現離婚不見得可以完全解決問題。第一，露西是一位

羅斯福一家。下排左起：艾略特、小富蘭克林、約翰和安娜。上排左起：小羅斯福與母親莎拉、妻子伊蓮娜和兒子詹姆斯

非常虔誠的天主教徒，她可以跟有婦之夫談戀愛，卻不能跟離過婚的男人結婚。第二，羅斯福的媽媽是一個很強勢的母親，她一知道兒子跟媳婦的婚姻出問題以後氣急敗壞。因為在那個時候，離婚是一件很不名譽的事情，她認為兒子有情人並不稀奇，但何必離婚呢？她威脅如果兒子堅決離婚，家裡會停止供給他所有金錢。

羅斯福身邊的幕僚也告訴他，離婚會讓他的政治生涯毀於一旦，因為在那個年代，美國人是不能夠接受政治人物外遇離婚。最後，為了政治、為了孩子著想，兩個人決定不離婚。露西也在一年半以後，和一位年紀稍長、名字叫做溫斯羅普．拉瑟佛德（Winthrop Rutherfurd）的富豪結婚，不過過了非常多年之後，人們才知道這只是表面上的婚姻。

伊蓮娜原以為婚姻危機結束了，事實上，這段戀情從來沒有結束，露西是羅斯福終身的摯愛。一九四五年初羅斯福總統在喬治亞（Georgia）溫泉郡，突然腦溢血死亡。那個時候，身為妻子的伊蓮娜人在白宮，而陪在羅斯福總統身邊的人竟然是露西。她到那一刻才知道羅斯福為了政治前途、為了他的家庭，選擇不離婚。其次，羅斯福跟露西是一段真正的愛，不見得是普通的婚外情。後來伊蓮娜跟朋友談到這件事情說：「我覺得我個人其實並不適合他，如果富蘭克林娶的是一個完全不拘小節的妻子會快樂一點，他和我在一起並不快樂。我們的婚姻對他而言是有價值的，我們的家對他而言也有歸屬感，但我不是一個會給他快樂的女人。」

大概很少有妻子會這樣想。大多數的妻子會覺得「你騙了我，我覺得很丟臉，我當時已經提議離婚成全你們，結果你為了媽媽不給你錢，為了自己的政治前途，假裝和她斷絕往來。然後這個壞女人充滿了心機嫁給另外一個男人，卻給那個男人戴綠帽。貴為總統之尊，你還帶著她在喬治亞溫泉郡約會，最後死的時候，全國人民都知道陪在你身旁的女人是露西，我卻是最後一個知道的那個人，我恨透了你」。

伊蓮娜沒有把自己當做受害者，她認為在這段婚姻裡，她受了傷，但是羅斯福知道家庭的重要，知道她的價值，只是他的心另有所屬；情感不能強求。羅斯福把他對家庭的愛、對伴侶的尊重以及他對狂熱的愛情這兩件事分得清清楚楚；另外，伊蓮娜居然對於羅斯福跟露西一生的愛必須如此保密，長久地被犧牲，被掩蓋下來的終生痛苦，反而充滿同情。

所以我常說**一個人在年輕的時候，可能要有一點受傷的經驗**。當然，那也要看他善不善良（有的人小時候有點受傷的經驗，長大以後就一直想復仇。）如果他有一點受傷的經驗，再受傷的時候，就會比較堅強。他不會覺得自己是唯一的受害者，自憐自艾、開始編織故事、開始瘋狂報復。伊蓮娜不會，她很快抽離這一切。

因為「痛苦」是她最熟悉的感覺，「遺棄」是她從小就很理解的事情，「不被愛」是她媽媽跟爸爸讓她感受到的態度。她很快地從沮喪抽離出來的時候，反而感謝露西讓她的丈夫這一生沒有真正的孤獨。做為一個伴侶和總統夫人的角色，她覺得羅斯福讓她成長，她很感激，然後她也感謝羅斯福成全了這個家。尤其一生奉獻人民國家，令她尊敬這位丈夫。

伊蓮娜所以被稱為「美國最了不起的第一夫人」，不只是因為她怎麼處理她的婚外情，而是她因此更堅強地把自己歷練出另一個新面貌。人在感情裡頭，面臨背叛、面臨挫折，會怎麼處理？你可以很墮落，你可以很無聊，你可以很超越。**當你能夠超越感情的背叛跟挫折時，就更有能力超越其他的事情。**

一年多後，她寫下一段話：

在成長過程中，我們會發現真正的自我，那個時候，我們才會做出真正負責任的決定。從此，大多數的決定記得是為自己，因為你絕不可能替別人過日子，別人也不會替你過日子。如果你所發揮的影響力，完全是為了別人，某個程度，連自己都忽略了，成長的自然不會是你自己。但如果你所發揮的影響力，是專注於自己的理念和價值，最終成長的也會是你自己。

伊蓮娜和小羅斯福的婚姻是失敗的，不過很多婚姻可能都曾經有這些插曲。在波折的婚姻路上，伊蓮娜經過一年多的努力，把挫敗變成自己成長的養分，從此全心全意投入紅十字會的工作，她也比過去更堅強。

在那個過程當中，世界出現了一位新女性，她更願意為國家，而不只是為一個男人、為一個家，她願意為國家，為時代挑起她做為一個人的責任。一般人也許會說，她是一個好公民，她願意為政府貢獻出一己之力，直到她認為她必須完成的每一件事情都做好了，她才會罷手。

這個時候，她更廣泛閱讀，並養成寫作的能力。伊蓮娜本來就絕頂

羅斯福夫人在紅十字大會上演講

聰明，十分能幹，羅斯福身邊的好朋友兼幕僚叫路易士（Louis），了解外遇對她造成一定的傷害，給了她一定的鼓勵。由於伊蓮娜常常要幫羅斯福寫演講稿，邀了路易士加入，他欣然加入，而且參加競選活動。雖然接下來一次的競選失敗，伊蓮娜卻不一樣了，她參加婦女選民同盟，加入紅十字會，她變成一個冷靜、沉著，而且非常有效率的女性。她大量閱讀，並且變成專欄作家。那個時候羅斯福三十八歲，她三十六歲，所有一切生命對她的考驗，都使伊蓮娜變成更有自信的女人。

第三講

使命感的最佳拍檔

一九二一年，羅斯福不幸罹患小兒麻痺症，他雖然身患殘疾，卻仍然有很強的執政能力。因爲伊蓮娜就是他的「腳」、他的「眼睛」；伊蓮娜除了探訪民間、了解社會實相，自己也不斷在報章雜誌寫專欄，發表自己的言論。

伊蓮娜在一九一八年發現羅斯福仍然繼續他的婚外情，心裡當然有一段時間很不快樂，那個時候，伊蓮娜並沒有把自己變成一個「怨婦」、「棄婦」，到處去投訴，她反而更積極投入社會福利工作。沒想到過了三年，也就是一九二一年，還有一個更大的悲劇，發生在他們家裡。那一年，羅斯福三十九歲，伊蓮娜三十七歲。

一九二一年夏天，羅斯福在緬因州外海小島度假的時候，突然身染重病。他先是在一個冰冷的海水裡游泳著了涼，發高燒。沒有多久，雙腿癱瘓。伊蓮娜毫無怨言、不眠不休的看護他，歷經兩個星期的擔心與害怕，醫師仍然查不出病因。伊蓮娜雖然知道羅斯福跟露西的感情，卻認為是這是她所鍾愛的男人，心裡的傷，就用另外一個方法來克服。她知道，羅斯福是一個了不起的人物，人也很正直，他是孩子的父親，她需要好好照顧他。

結果最後醫師診斷出他罹患的是小兒麻痺症，才把他送到紐約市立醫院就醫。經過幾個星期的治療之後，羅斯福的病情有些起色，不過那個時候，小兒麻痺症是沒有救的，雖然不至於死掉，可是會變成殘廢。羅斯福沒有抱怨，態度很樂觀，伊蓮娜也一再鼓勵他：「你可以再起來走路的。」

羅斯福的媽媽，原是個有錢人家的女兒，也是很強勢的母親。羅斯福雖有本事應付她，但婆媳之間一直都有問題，這一次更是爆發開來了！爆發的原因是羅斯福的媽媽認定他兒子此後將是個廢物，乾脆提早退休算了，她自己很願意在家裡陪兒子，幫忙照顧孫子。伊蓮娜堅定告訴她婆婆：「不！這是我的先生，他是個了不起的人物，他是很多美國人民所需要的政治領袖，他可以再站起來走路的。」總之，在那段時間裡頭，她的鼓勵，對羅斯福來說非常重要。

伊蓮娜自己在那段時間完全沒有停止下來，她開始從事鄉鎮行政工作，服務州政府的委員會，然後也發表一些文章。她看到《紐約時報》報導，紐約有一個女性成衣工廠，因為資方罔顧勞工安全，釀成一百四十五名女工葬生火窟的慘劇，發表了一篇非常尖銳的談話和評論。不到兩年，這位看起來原本羞怯、自卑，並且在婚姻路上跌了一跤，然後丈夫又罹患小兒麻痺症的女人，慢慢收拾心碎，開始建立自己的名聲。在這個過程當中，她開始在很多地方發表言論，定期地在電台或是公開場合演說，成為紐約州政壇的領導者。

羅斯福先是花了幾個月在紐約寓所靜養，然後又搬到紐約郊區莊園做復健，病情慢慢好轉，但是小兒麻痺的殘疾，一度使他覺得仕途無望，他突然下定決心遠離東岸，買了一艘大遊艇，到佛羅里達州渡假去了。人們說他起初看到伊蓮娜大出鋒頭，心裡有點不太舒服，伊蓮娜知道了以後，就寫信給他：「我只是在你重返政壇之前活躍，服務世人。政治不是我最大的歸處，請相信我，我很快地就會回到你的身邊。」

當然這句話不完全是事實，伊蓮娜覺得病人是需要安慰的，不需要跟他說實話。她自己還是繼續從事她所喜歡並認為有意義的工作；兩個人大多時候都是用書信往來。伊蓮娜也開始檢討自己，她認為過去的生活都是以小羅斯福為中心，接著就不斷生小孩，現在孩子們都長大了，她覺得女朋友對女人很重要。她開始有幾個非常要好的女性朋友，像南西（Nancy）跟馬琳安（Marion Dickerman）就是她的知心朋友。她們一起蓋了一棟房子，取名保克山莊，這棟房子是用礦石砌成，外表有別於傳統造型，看起來既溫馨又舒適。然後，她們還在保克山莊教木工、建造廠房，希望能夠替郊區創造就業機會。

更重要的是，她們在紐約市買了一個規模不會太小、但也沒有太大的私立女子高中托德亨特（The Todhunter School），由馬琳安擔任校長，伊蓮娜擔任副校長兼教師。她每個星期會到學校三天，教文學和歷史。這個學校後來很有名，學生都來自富豪家庭。

伊蓮娜之所以錄取的都是富裕家庭的學生，並不是因為她很勢利，而是認為她們才有足夠的金錢可以讀書，將來能夠對社會產生影響。她想改變這些女孩子的世界觀，因為當年她就是因為女校長索斐翠的開導，塑造出她的自我，她希望以後她也可以同樣扮演啟發別人的老師。

她常常帶這些富裕學生到紐約市各個地方遊歷，探訪窮人的廉價公寓、社會福利館，還有骯髒的市場等，讓學生也了解一般老百姓的生活及需求。她熱愛教學，相信教育對改善一個社會的功能，她告訴她的學生：「妳是個女人，但妳也要學習如何獨立思考與觀察，打從心裡願意盡一己之力去改變這個世界。」

羅斯福經過一段低迷日子後，也開始重拾信心，他不斷接受各種體能及游泳訓練，以便增加雙腿的力量。他終於還是決定重回政壇，過了好一陣子沉寂的日子後，他又接受提名，加入紐約州州長的選舉，即使罹患小兒麻痺症，他還是有相當程度的人氣及影響力。當他拄著拐杖，一步一步走到台上發表演說時，感動了在場每一個人，所有的人都起立鼓掌，甚至掉下眼淚。

伊蓮娜說，當羅斯福順利當選紐約州長的時候，她根本不敢相信這件事情是真的。由於小羅斯福無法自己走路，伊蓮娜更發揮了她在婚姻受挫時所磨練出來的韌性與耐力，幫羅斯福去巡視許多州立機構，特別是像紅十字會、平民學校等等。她有一種敏銳的觀察力，可以把目睹的一切詮釋出來，等結束考察以後，還會一一寫報告，讓羅斯福根據她的

伊蓮娜成為紐約州長夫人的第一天，在州大廈（State Mansion）和鄰居打招呼

報告再詢問細節，她也立刻會回答得非常清楚。

也因為如此，羅斯福雖然是個罹患小兒麻痺症的州長，仍然有非常強的執政能力。對他而言，伊蓮娜就是他的「腳」，就是他的「眼睛」；伊蓮娜也沒有因此就每天陪在丈夫身邊，她覺得這時她更應該去走訪民間，州政府也派一名安全警衛服侍她，她很喜歡這個護衛，一搭一唱，待他如家人一般。

在這個過程當中，她也讓自己成為越來越有影響力的政治領袖。有人說她是女人當家，她說：「不是！當家的是羅斯福，我只是他的手，他的腳，和他的眼睛，特別是他的腳。」藉著州長夫人的身分，她深入了解民間疾苦，羅斯福也有他足夠的政治頭腦，他找來州政府裡頭的內閣成員，商討如何一樣一樣解決問題，再由伊蓮娜幫他考察到底落實了沒有。她就是他最好的幫手，所以人們都說，她和羅斯福兩個人搭配起來，施予人民的德政家喻戶曉。

他們的組合跟柯林頓和他的妻子希拉蕊不太一樣，大家覺得主導的還是柯林頓總統，希拉蕊可能推動了健保方案，但她只是藉由柯林頓實現自己的野心。尤其希拉蕊到很多場合演講，開價高，賺非常多的錢，這也是為什麼希拉蕊競選美國總統，反而導致人們更討厭她。羅斯福夫人被稱為「美國永遠的第一夫人」，與希拉蕊天差地別。就這個意義來說，羅斯福夫妻的關係有另外一層更昇華的感情，如果只從很無聊的、一般傳統標準來講，他們的婚姻是失敗的，他們並非世俗期盼、幸福美滿的一對，但是他們對世界的熱情以及發自內心的使命感，卻讓他們成為最佳拍檔。

所以在州長競選成功後的某個晚上，伊蓮娜完全走出婚姻受挫的心情，她寫信給羅斯福：「我將給予你無限的愛和全世界的祝賀，吾愛，這是一場全面的勝利，漂亮的一仗。祝你未來更幸運。」

沒有多久，美國就陷入一九二九年的大蕭條，到了一九三二年的時候，全美失業勞工已經超過25%，原來勤奮的中產階級或是高傲的華爾街金童，都淪落為街頭攤販。他們在街頭叫賣蘋果、叫賣鉛筆、在免費市場排隊領取食物及咖啡，像個乞丐一樣要飯吃。也有很多人失去了工作，只好打包家當，開著老爺車離開家鄉，隨便到野外搭起簡陋的小屋住下。當時美國中央公園裡頭，就有很多遊民搭了許多簡陋的小屋，他們自稱為「胡佛村」，因為當時美國總統是胡佛，大家對胡佛總統無法

1932 年，富蘭克林・羅斯福當選美國總統

伊蓮娜・羅斯福，攝於 1933 年

解決經濟大蕭條的問題都很不滿。

在大蕭條時期，伊蓮娜很關心人民的生活，紐約州一旦有哪些人、哪些食堂、哪些社會福利機構的配給沒有做好，什麼地方得到的過多、什麼地方過少，她都會一一向羅斯福回報。她本來就對窮人有特殊的感情，羅斯福對這些事情也很重視，她還幫羅斯福做了「彩虹天使」傳單，兩人一起樹立良好的典範。

就在全球最嚴重的經濟危機中，一九三二年美國總統大選，小羅斯福當選美國總統，獲得壓倒性的勝利。

一九三三年羅斯福就任美國總統，伊蓮娜卻決定退出行政工作。伊蓮娜向她的專屬記者羅莉娜・希柯克（Lorena Hickok）說：「我從來沒想過要當第一夫人，我現在也不想做總統夫人，我不是什麼高貴的第一夫人，就職典禮我不會穿什麼禮服，你們大概只能看到一個平凡樸實的羅斯福太太。」

剛開始，伊蓮娜也不喜歡在生活裡做什麼改變，她仍然想教書、寫作、演講，甚至管理她和她的女朋友們一起成立的傢俱工廠，雖然那個傢俱工廠從來沒有賺過什麼錢。她還簽約製作了一系列的廣播節目，並且在全國性的報紙撰寫每週六篇的專欄叫「我的生活」（*My Day*），而且還自己編雜誌。後來因為大家覺得這可能會跟總統工作有衝突，她才讓步。她把所有商業性廣播節目都停掉，也不談政治話題，最後，連教職都辭掉。

辭掉教職這件事情讓她很沮喪，當年就是因為教育改變了她，她也想改變很多人。不過，她覺得歷屆總統常常因為被利益團體包圍，失去跟民眾接觸的機會，她知道百姓信任她，願意把想法告訴她，所以她自己又跑到婦女商會和紅十字會工作，以便了解到底真正是什麼樣的人需要幫助，需要哪些類型的幫助，表面的或是實質的。

伊蓮娜完全改變了美國第一夫人的角色，她主持重要的晚宴，款待各國來訪的達官顯貴，但她仍然保有率直以及謙卑的自我。她不肯搭乘白宮專用的大轎車，也不肯接受軍警或是密探的保護。她說：「我喜歡步行，美國人很棒，走在他們中間不會想到什麼叫做害怕。我向來如此，以後也不會例外，你們不要再站在我身邊了！」

美國老百姓也感受到她的關愛，他們信任羅斯福夫人，很高興見到她。從一個小故事就可以看到伊蓮娜受歡迎的程度。

伊蓮娜親自造訪軍營，慰問士兵

當時政府必須縮減某些預算，就爆發了酬恤金事件，一些從一次大戰退下來的老兵覺得他們很窮困，需要酬恤金，就發動抗爭，並且就地紮營。有一天，伊蓮娜跟幕僚路易士開車經過這些老兵抗爭的營地，路易士覺得伊蓮娜一定有本事解決問題，就自己留在車上睡覺，由伊蓮娜單身赴會。老兵們看到伊蓮娜很高興，伊蓮娜除了走進營區跟他們閒聊，還請他們到附近一家餐廳喝咖啡，伊蓮娜對他們談的不是該不該給酬恤金，而是談到戰爭。

她說：「我很欽佩你們這些軍人，但是我很痛恨戰爭奪走了無數青年的性命，我不願意再看到另外一場戰爭，我希望看到每一個人都受到公平的待遇，此外，我永遠感激曾經為國家服務的人。」她返回車內的時候，歡呼、掌聲，仍然迴盪耳際，老兵不滿的情緒沒了，營地也拆了。路易士笑著說：「我太了解你了，伊蓮娜，你就是可以完成別人不能完成的事情。」

後來路易士比較早過世，路易士夫人回憶她丈夫曾經告訴她：

「為什麼很多事情別人做不來，伊蓮娜卻可以做得更好？因為我去做的時候，人們覺得我是個小人物；伊蓮娜去做的時候，人們覺得她既是大人物，也是小人物。大人物因為她是總統夫人、州長夫人，而且她來自於羅斯福家庭，她是老羅斯福總統的姪女；小人物就是她穿著樸素，長相平平，說起話真誠無比，讓你感覺她真的很關心你。」

「她的語氣、口吻，也不是什麼漂亮的英文，故意賣弄特殊的、華麗的詞藻。所以伊蓮娜為什麼這麼受歡迎，就因為儘管她出身富豪之家，樸實卻是她真實的個性。」

那個時候，她走訪貧民窟，督察振興經濟的聯邦專案。羅斯福新政的特色是，不管馬路需不需要，反正都要鋪，然後她就一個一個去督察，半夜時候還去慰問工作人員。無論是在堪薩斯州的玉米田裡；在田納西河壩上空的吊車廂裡；或是在俄亥俄州汙穢的地下礦坑裡頭，大家都看到羅斯福夫人親自造訪。

講到這裡，你就會知道說為什麼大家稱她是「永遠的第一夫人」，因為之後再也沒有人像她這樣勤政愛民的第一夫人。羅斯福總統的新政，很多都是靠羅斯福夫人在推行。世界上沒有一個第一夫人像羅斯福夫人這樣進入到社會每一個最困難的角落，去了解年輕人的痛苦或是礦工的痛苦，並且會在夜深時刻拜訪他們。

1935 年，伊蓮娜以第一夫人身分訪問俄亥俄州的煤礦坑

這個跟我前面所說，她是一個羞怯、內向，然後用謊言自我欺騙的小女孩，完全不一樣。

她還開了第一夫人的先例，就是以白宮女主人的身分召開記者會。她做這件事情除了因為自己是新聞人物之外，更重要的是她認為溝通必須是直接且開放的。當她發現媒體對性別有差別待遇時，就規定每個禮拜的例行記者會只邀請女性記者。逼得各大報只好雇用好幾個女記者來跑白宮新聞，而且專跑羅斯福夫人。

在白宮記者會上，她開始只談家庭生活，避開政治，後來她經常談到美國當時的血汗工廠如何榨取勞工，而且包括童工。美國那個時候的童工非常多，美國的勞工在一九〇〇年，一個禮拜工資大概只有五塊錢，童工更慘。到一九三三年經濟大蕭條的時候，童工問題更嚴重，卻一直都沒有解決。羅斯福只敢說要改善童工的人權，也不敢全面廢除童工。伊蓮娜卻直接說：「停止雇用童工。」

另外，她認為應該要提高教師的薪資，因為老師對一個國家太重要了，可以改變很多小孩，這是她自己的經驗。她的談話跟想法，經常很震撼人心，但是也得罪了很多人。由於她的措辭，以及她的穿著，很多人懷疑她是不是第一夫人，甚至以為她是從成衣廠裡頭出來的一個女工。她一點也不在乎，她認為這就是真正的她。

最了不起的是，根據統計，她在白宮的第一年，總共收到了三十萬封信，她自己親自回了幾千封，另外她找了一個很盡職的祕書，幾乎每一封來信都得到答覆。她定期給孩子和朋友們寫信，信裡盡是永不枯竭的精力、熱情以及無限的愛心和關懷。多年來，除了緊湊的時間表，她還有很多專欄。為了避免別人說她本末倒置、濫用公帑，她就把寫專欄的工作挪到晚上、週末。然後她還公開宣布，這筆錢是我的私人收入，但也不算私人收入，因為我必須把這筆錢拿來支付祕書薪資，國家並沒有編列我的祕書預算。我寫專欄，支付我的私人祕書，她幫我回信給很多希望從我這裡得到安慰與鼓勵的美國人。

伊蓮娜當上白宮女主人以後，她的旅行非常頻繁，她到每個地方發表演說，鼓勵人民「在經濟衰退中，你們更要幫助自己，建造一個更溫馨跟祥和的社會。」所以大家就說：「羅斯福夫人有男人的能力，以及善解人意的女人心，更有特別出色的智慧。」也因為她的影響，美國出現了第一位女性勞工部長柏金斯（Frances Perkins），為美國政府開個先例。

由於她天資過人，難免有人說：「妳要不要選總統？」像路易士在世時就曾說：「伊蓮娜，如果你想當一九四〇年的總統，告訴我一聲，我可以備妥一切，因為，小羅斯福已經當了兩屆啦！該輪到你了！」

她很不以為然地回答：「家裡有一個政治家就夠了！」

第四講

第二個人生的開啟

一九四五年，羅斯福總統不幸病逝，羅斯福夫人並沒有因此退出政壇，杜魯門總統邀她擔任美國駐聯合國大使。從一九五〇開始的未來五年，羅斯福夫人把這個和平大使做得有聲有色，特別是通過聯合國「世界人權宣言」，爲弱勢團體爭取權利。

《紐約先鋒論壇報》（*New York Herald Tribune*），曾經稱讚伊蓮娜是「當代最知名的女性之一」，但這樣形容，仍不足以涵蓋她在世人心中受到的愛戴程度。

二次世界大戰，歐洲其他國家的戰爭早就開打了，等到珍珠港事件爆發後，美國才加入戰爭，伊蓮娜也開始行動。她不只公開演講，她還親自捐血，做為表率。她自己編織毛衣、毛襪，呼籲大家一起為紅十字

1943 年，伊蓮娜在白宮接待宋美齡

會募款，而且還到歐洲和太平洋戰區勞軍。她探望了數千名美國軍人，而且她探望的方法不是只在台上表演、演講完就走了，她總是發表談話以後，走下來跟大家親切的握手。有的時候她會記下這些軍人的父母姓名和住址，返國以後就寫信給他們的爸爸媽媽說：「你的孩子要我問候你們。」你可以想像那些父母親接到這封信，知道自己的孩子得到總統夫人如此的慰問，他們的感覺是什麼。而她自己呢，她的四個兒子都從軍；艾略特服務於空軍、詹姆士在海軍陸戰隊、小富蘭克林和約翰都在海軍。四個小孩全部都上戰場，這家沒有什麼特權可言。

一九四五年的春天，歐洲之戰已經快要結束，羅斯福總統的身體也慢慢虛弱，尤其非常容易感到疲倦，他從雅爾達會議開會回來以後，直接到喬治亞的溫泉郡療養。四月十二號，突然一通電話，「羅斯福總統走了！」伊蓮娜聽到這個消息，愣了一下。

之後她發現，陪伴在羅斯福身邊的竟然是當年她以為已經離開的舊情人露西，而且她還發現牽線的竟是她自己的女兒安娜。安娜了解父親愛這個女人，尤其父親得了小兒麻痺症以後，她更希望露西可以和父親維持關係。

伊蓮娜會感到晴天霹靂嗎？她會覺得全家人都背叛她嗎？「不」！

她後來告訴她的女朋友們說：

「我很高興他不是孤獨走的，他是我一生最敬佩的人，我們之間有距離，我很高興有人彌補了那個距離。他的痛苦我無法幫他分擔，但有一個人給了他我所不能給的安慰。我的女兒愛他的父親，就像我當年愛我的父親，不管我的父親有多大的缺點，我總會飛奔到他的懷中，我仍然如此的愛他，而我的女兒，她也用她自己的方式，愛她的父親，也愛我。她讓父親得到足夠的快樂，維持了這個家，她沒有告訴我，她怕傷害我，我不覺得這個叫背叛！」

設身處地，**你會有羅斯福夫人的智慧嗎？**

露西不是重點，只是插曲。伊蓮娜馬上打電話問已經宣布接任總統的杜魯門說：「我需要到喬治亞一趟，請問我還可以使用空軍一號嗎？」因為她的先生已經過世，名義上她已經不是第一夫人，杜魯門跟她說：「不要拘泥於這些小事，快點去吧！」伊蓮娜直飛溫泉郡料理喪事，她很知道什麼事情最重要，什麼時候該由她出面，什麼事她該幫羅斯福，什麼事她該幫她自己，什麼事是她該幫國家的。她把國家、時代、窮人的痛苦，看得比她自己的事更重要。這個時候她的傷害，就不叫做傷害了！

回程時她選擇搭乘火車，將羅斯福的靈柩送回華盛頓。其實，她還是可以搭空軍一號回來，但是她認為她們已經不是總統跟第一夫人，所以她要坐火車。另外，她覺得羅斯福會想再看一看他熱愛的故土。起初她一整夜都躺在臥鋪上，在途中她曾感覺到麻木，於是拉開窗幔，突然看到沿路上有幾千位美國民眾，徘徊在鐵軌旁瞻仰總統，跟總統道別。伊蓮娜看著他們，她的感覺是：「我失去了我先生，而他們失去了過去一直在幫助他們的最重要的人。他們的悲傷並不亞於我的家人。」

後來有一次談話，她提起自己的婚姻，她說：「我有時候扮演的角色是羅斯福的良知，他是一個政治人物，難免有想要抄捷徑的時候，我就會督促他走難一點的路；也可以說我有時候像馬刺，馬刺有時候不是很受歡迎。但是，當一個政治人物的伴侶，這是必須的！」

說這段故事讓我的感觸良深！小羅斯福所以成為小羅斯福，到今天為止受到美國人的高度愛戴，小羅斯福夫人也一樣受到高度的愛戴，正是這個原因。

離開白宮那一刻，她會覺得失落嗎？

她說：「白宮生活根本不屬於我自己，我只是好像只是在塑造我之外的另外一個人，那個人就是總統夫人。我曾經迷失在內心的某個角落裡頭。」所以，她根本沒有任何留戀，就離開了白宮。她不是為權力而來。這個女人一生沒有虛榮心。

有一位女報人在羅斯福總統逝世之後，因為跟伊蓮娜有交情，請她發表談話，伊蓮娜揮手拒絕，輕輕說了一句：「故事結束了！」這句話，變成報紙的標題。

通常第一夫人故事也就到此為止。

伊蓮娜卻開始了她第二個人生。

首先按照羅斯福的遺囑，將他們位於海德公園的大宅捐給政府，變成博物館，她自己就留在她和她的女朋友們一起蓋的保克山莊，其他多數的時間她會住在紐約市，華盛頓街區的一棟小公寓。

我住在紐約時，朋友帶我到那棟小公寓的前面，說這就是以前伊蓮娜住的地方。伊蓮娜有一隻很疼愛的狗叫法拉，就成為她最主要的陪伴者。那個時候還是有一些人經常來看她，譬如說，荷蘭的茱莉安娜

伊蓮娜和愛犬法拉合照

（Juliana）公主，蔣宋美齡也去看過她，還有印度的總理尼赫魯等等。她也經常招待一些青年團體或青年感化院的學子。從大人物到一般年輕人、到被關在感化院的年輕人，她都招待他們到家裡頭來，自己炒蛋、做奶酥、點心款待客人。有的時候還把感化院的年輕孩子帶到公寓後面的草地野餐。

羅斯福過世的時候，伊蓮娜六十一歲。在那之前，她一直覺得沒有自我的生活，當她正想要專心寫作的時候，杜魯門總統突然打電話給她，希望派她擔任美國駐聯合國的和平大使。

伊蓮娜從來沒有想過這份工作，她問杜魯門總統為什麼是她？杜魯門回答說因為二次大戰期間，她已經是和平運動的領袖之一，尤其是原子彈問世之後，世界各國都希望能夠控制原子彈的使用，伊蓮娜當時也十分支持這個政策。然而，伊蓮娜則以自己沒有外交經驗，也不熟悉聯合國的議事規則回絕。

其實很多人的妻子，譬如像翁山將軍的妻子欽季（Kyi），也就是翁山蘇姬的媽媽，當時緬甸政府為了懷念翁山將軍，就派欽季去擔任印度大使，欽季原來只是名護士，卻立刻接受，因為以緬甸當時的經濟來

1945 年，杜魯門總統指派羅斯福夫人出任美國駐聯合國大使

美國前國務卿杜勒斯（John Foster Dulles）

說，出任大使是個優渥的待遇。但以伊蓮娜的個性，她立刻回絕這個職務，杜魯門總統卻堅持非她不可。

一九四五年十二月三十一日，六十二歲的伊蓮娜・羅斯福與參議院外交委員會主席康奈利（Tom Connally）、以及參院外交委員會少數黨領袖范登堡等人，一起登上伊莉莎白女王號輪船，前往南安普敦，出席即將召開的聯合國大會。在途中，她可不是看著大海，感嘆羅斯福的離世或她的人生，她在船上很緊張，她覺得她根本不夠熟悉議事，所以每天都在研讀發送到船艙內的所有文件。她參加每一個會議，聽取國務院官員的簡報，盡可能親自訪談外交專家，好像回到學生時代。

她說：「我不斷寫筆記，然後再到甲板上散步、稍做運動。大部分時間，我會挽著某一個人的手，聽他的意見。」「白宮給我的最大的養分，就是我很擅長聽取別人的寶貴意見。」那個時候，在美國參與外交關係的參議員范登堡、以及曾經擔任過國務卿的杜勒斯，都是她主要的請益對象。他們告訴她意見以後，她很快吸收，因為聰明過人，所以後來大家都說她是代表團裡頭的箇中翹楚。

有一次伊蓮娜的代表團遇到當時在聯合國最激烈的辯論，而且直到

南安普敦市市長哈里·文森特（Harry Vincent，左）在伊麗莎白女王號上迎接美國代表團成員羅斯福夫人（右）、及參議員范登堡（Arthur H. Vandenberg，中）

凌晨三點才輪到伊蓮娜講話。她的對手是蘇聯聰明絕頂的一位辯才，叫做維辛斯基（Andrey Vyshinsky）。伊蓮娜言簡意賅，以深具說服力的辯論，為她的主張提出各種說法。

雖然外交事務她根本就不擅長，甚至很多外交圈子裡頭的某些舉止令她感覺浮華，她在外交圈子裡頭發現有些人魯莽狂妄，也看到有一些人非常誠懇。她告訴自己，「我很高興我不曾自我膨脹」。後來她也經歷很長的一段時間遊說得不到結果，再遊說還是沒有結果，她還是提著公事包盡力去做。而且每一次她到聯合國大會參加開幕典禮的時候，都會穿上黑色的風衣，代表她對羅斯福的哀悼。

無論如何，她最後就在聯合國，擔任了五年的和平大使工作，表現卓越。後來共和黨的艾森豪上台，沒有繼續任命她，她也沒有抱怨。甘迺迪上台的時候，再度任命她重返外交崗位。那一次，伊蓮娜一坐到座位上，聯合國所有的代表，立刻起立鼓掌歡迎她。這種場面在聯合國，對一個女性，對一個第一夫人可謂空前絕後。這一刻人們鼓掌的不只因為她是羅斯福總統的夫人，更因為她是伊蓮娜。

伊蓮娜的工作一直這麼順利嗎？在她過世之前還有一件大事，就是

美國威斯康辛州參議員麥卡錫（Joseph McCarthy）

美國出現了「麥卡錫主義」，麥卡錫是美國威斯康辛州的議員，他整天指責這個人是共產黨、那個人是共產黨，跟誰掛勾。某個程度來說，那其實是一段美國非常恐怖的、近法西斯的時期，好幾位好萊塢明星都被他點名、受害。

伊蓮娜公開在她的專欄寫道：「我們還是一個強大的自由國家嗎？」「我們要成為一個警察國家嗎？」「我們不該置之度外！」她一發言就被美國最有權力的天主教領袖史培曼（Spelmen）攻擊，說她「支持節育，就是支持女人可以墮胎，伊蓮娜應該滾出她的公職生涯，她是一個可恥的、嫉妒上帝的子民。」伊蓮娜也不退縮，她不覺得自己已經是高高在上的羅斯福夫人，又在聯合國裡頭得到許多掌聲，何必淌這灘渾水？她根本不理主教，因為她本來就生性淡泊名利，處之泰然。面對最惡劣的攻擊的時候，她直接了當地說：「如果反對我的聲浪變成真正的問題，我會退出公職生涯。」但反對者畢竟是少數。

一九五一年，德州某家報紙對它的讀者做了一項民意調查，問他們如何看待伊蓮娜，結果大多數的人說「她是當代最偉大的美國婦女」，所以麥卡錫及主教對她的攻擊，沒有什麼意義。國務院認為伊蓮娜有外交官的潛力，所以請她以作家的身分到中東、印度、巴基斯坦訪問。她離開政治圈一段時間後，還是又回到聯合國。每一次到哪裡去，大家都起立鼓掌。

如果是希拉蕊會說什麼？她可能會說，「這不是給男人，這是給女人的掌聲！」（This is not for man, This is for woman.）

伊蓮娜更有智慧，她說：「我認為大家站起來鼓掌，是獻給我的先生富蘭克林．羅斯福。」她的樸實是非常特別的。

一九五〇年到一九五二年的時候，伊蓮娜曾經來到亞洲；一九五二年到日本，之後到香港、土耳其、希臘，還曾經到南斯拉夫，然後見了狄托（Josip Broz Tito）。狄托的個性，深深吸引了伊蓮娜。五年之後，《紐約郵報》又聘請七十三歲的伊蓮娜以記者的身分走訪中國和蘇聯。她雀躍不已，她說我一直想要去蘇聯，她在那個地方見到了赫魯雪夫，赫魯雪夫邀請她先在黑海召開雅爾達會議的地方附近一個別墅會面，然後兩個人共餐。

赫魯雪夫說：「可否告訴記者，說我們相談甚歡啊！」

伊蓮娜說：「你可以說我們相談甚歡，不過看法相左。」

赫魯雪夫說：「至少我們沒有朝著對方開槍的樣子！」

這則笑話相當有趣。當時有很多人批評她，那個時候是冷戰時期，她對蘇聯太過友善。

伊蓮娜曾說：

「我們都應該面對一個事實，美蘇都是核武大國，我們或者終將會同歸於盡；或者我們就得學習共同生活，彼此尊重。既然要共同生活，我們就必須交談。」

這個時候的伊蓮娜已經七十六歲了。

一九六〇年，她的朋友、也是醫生，診斷她得了骨髓疾病，該病的正式名稱叫「融血症」，也就是免疫系統攻擊骨髓，導致造血功能出問題，血小板彼此一直攻擊，血壓就會一直降低。得這種病會導致人很虛弱，經常會發燒，溫度雖然不高，身體很不舒服，而且有的時候會很疼痛，有點像殘廢一樣很難行動。這種病可以用類固醇控制，但是壽命一定會縮短。

伊蓮娜的態度是什麼？

一笑置之！

1959 年，蘇聯總理赫魯雪夫（Nikita Khrushchev，右）和妻子尼娜．赫魯曉娃（Nina L. Khrushcheva，左）在伊蓮娜（中）的陪同下，走過紐約海德公園富蘭克林．羅斯福的墳墓

經歷這麼一生，她覺得自己已經夠了！

甘迺迪上台以後，一九六〇年，她還幫助甘迺迪政府和古巴的卡斯楚協商，交換犯人，此外她也發表演說，還製作一部電視連續劇叫《人類的展望》（*The prospects of mankind*）。在最後生命末期，她寫了一本書《未來就是現在》（*Tomorrow is now*），明日即是當前，對美國年輕一代提出呼籲，對錯綜複雜的世界，尋求真正的領導，要他們負起責任！

她知道自己即將離世，所以寫下所有的準備事宜，包括遺囑等等，她囑咐她想要的喪禮，還把她的財產提前捐贈給想要幫助的人和單位。一九六二年七月，她的病情開始惡化，無法繼續活動，她還是不向病魔屈服，她很討厭在醫院裡頭不斷的檢查、注射，因為她知道根本沒有用，她得的是一種怪病，其實很難治療，她覺得她不想被這些疾病折磨得精疲力竭，在醫院裡頭浪費最後的生命。

她寧可死在家裡，所以回到紐約市的小屋。

一九六二年十一月七日，伊蓮娜辭別人間。

伊蓮娜和在華盛頓特區的古巴戰俘交換代表團會面

我再唸一次一九五八年、她過世前四年，在聯合國發表的演說：

> 世界人權究竟怎麼開始？從最小的地方，從最靠近家的地方，但是，往往因為太靠近了，無法在世界地圖上找到，更無法被虛假的政治人物看到。
>
> 正是這些地方，是每一個人的小世界；是每一個人居住的社區；是一般老百姓就讀的學校或是學院；是小人物工作的工廠、農場和辦公室。這樣的地方是每一個人，不分男人、女人或小孩，尋求公理和平等機會之處。除非這些權利在那裡具有意義，否則，你們所宣稱的口號，你們所宣稱的主張，在這些地方都不具備有太大的意涵。我們若不能關切人民的活動，並且扶植他們最靠近的這個家，那麼我們號稱將在較大的世界裡所做的所有努力，都只是一場枉然。

向這位了不起的女性致敬！

伊蓮娜展示《世界人權宣言》

杜魯門

他意外接下美國總統職務，就職不到四個月之後，

他簽署兩顆原子彈轟炸日本的決策。

他決定不將日本天皇送戰爭法庭審判，他有更大的野心：

他要徹底征服日本，從領土到他們的靈魂。

他在戰後一年，拒絕借款英國，

是他任內美國成為世界唯一霸權，徹底結束日不落國英國的命運。

史達林、毛澤東、美國人低估了他，以為他是紙老虎，

結果他毫不猶豫宣布參與韓戰，改變了台灣命運。

是的，低估。他太無趣、無聊、無國際視野、無政治魅力。

他一路被低估，但他才是改變當代達七十年歷史的人。

他是杜魯門。那個美國人眼中的「草包」。

“讓美國挑起
地球霸主的平凡先生”

第一講

不平凡中的太平凡

他務農，出身平凡，人生本來最大目標是當裁縫店老闆。意外因大蕭條，店倒了，只好從政；接著又因意外羅斯福總統競選第四任，想拓展南方選票，意外選擇了杜魯門當副手；然後再一個意外，羅斯福突然猝死，他意外接任美國總統。

一九四五年四月十二日，美國總統富蘭克林・羅斯福突然腦溢血過世，副總統杜魯門（Harry S. Truman）上台。比起任期最長、倍受愛戴的羅斯福總統，杜魯門被眾人視為無聊、平庸，甚至是個草包。那時第二次世界大戰尚未結束，希特勒還沒有自殺的四月中旬，「雅爾達會議」剛剛開完，從大西洋到太平洋，所有的同盟國只能依賴美國的軍隊、美國的軍事補給，甚至糧食、衣服補給的時刻，當他接下總統時，他面對的是如何結束這場歷史最大戰爭的重任。

本來平凡無趣的他，卻在三個月之內決定在日本投下兩顆原子彈；毛澤東眼中紙老虎的他，又在三天以內出乎意外地宣布參戰韓戰，對抗共產世界；從此掀開冷戰。美國全面主導全球局勢，成為全球事務干預者及領袖……直至川普上台，美國的歷史才開始轉變。杜魯門是我們當代，或許是人們對「美國認識」的主要塑造者，他永久改變了歷史，影響世界長達七十多年。

美國對日本投下原子彈之後，要如何處理日本、改造日本，牽涉到的是完全不同的戰爭思考。對杜魯門來說，美國過去並沒有太多的外交參考經驗，在那之前，美國在國際政治上一直保持孤立主義，不想惹禍上身。一次世界大戰時，美國總統威爾遜曾參與《凡爾賽合約》，但他想要建立的國際聯盟，連美國自己的國會都不同意，美國的孤立主義直到一九四一年底珍珠港事件才被迫改變。到了杜魯門時代，他已認知美國要輸出屬於美國的精神、美國的價值，並派出龐大的美軍駐防日本。他甚至想要在歐洲駐軍，但最後沒有成功；後來以「北大西洋公約組織」類似的概念取而代之。

1945 年 4 月 12 日羅斯福總統去世後，副總統杜魯門宣誓繼任美國總統

凱因斯（John Maynard Keynes）。
攝於 1920 年代

二戰後，英國陷入財政破產，那時邱吉爾在戰時挑選的副首相艾德禮已發動政爭，逼邱吉爾下台，國會改選自己擔任首相。他派了特使凱因斯（John Maynard Keynes），在一九四六年到美國找上杜魯門；希望杜魯門看在當年美國大蕭條凱因斯提供幫助的分上，協助大英帝國再度站起來。但杜魯門的答案殘酷且無情，他想藉此讓大英帝國瓦解，美國徹底「優先」。

我為什麼想講杜魯門的故事？因為這個毫不起眼的人改變了歷史，改變了日本、韓國以及台灣的命運！

杜魯門上任所做的第一件歷史大事就是以原子彈結束二戰，他在日本投下兩顆原子彈；第二件大事，是消滅大英帝國；第三件大事，是參與韓戰。

原先國際間並沒有人看得起他，加上美國長期採取孤立主義，各國都認為美國人最怕打仗，只是隻紙老虎。所以當朝鮮在一九五〇年六月二十五日越過北緯三十八度線，攻打南韓時，杜魯門在聯合國提出警告，要朝鮮三天之內撤軍；朝鮮不從，三天後，杜魯門宣布參戰，此舉完全出乎那時中共與蘇聯領導者的意料之外。之後，他改變台海政策，支持蔣介石對抗中共，也從此改變了台灣的命運，並且改變整個世界局勢長達七十年。

杜魯門當上總統讓許多人跌破眼鏡，美國人起初很瞧不起他，他上任的時候，美國報紙經常刊登一堆和他有關的笑話。可是，到了一九七○年代，有關杜魯門的傳記一一出版之後，有歷史學家開始評論他是美國偉大的總統之一。所以在這裡，我想先談談他是怎麼上台的，因為這件事充滿了戲劇性，之後再來談他的生平。

二次世界大戰是一場徹底改變美國的一場戰爭，它也徹底改變全世界很多地區。如果沒有二次世界大戰，美國不會成為世界最大的霸權。當時有個專欄作家沃爾特．李普曼（Walter Lippmann）就說：「美國這場仗，打得太痛快了！」他認為美國本身除了珍珠港之外，基本上沒有什麼城市毀於轟炸，和其他國家在二戰的遭遇並不一樣。當時各國難民四處流離，從亞洲到歐洲，只為尋找一個棲身之所，處境幾乎和現在的中東難民一樣。

根據歷史學者維克托．謝別斯琛（Victor Sebestyen）在他的

《一九四六：形塑現代世界的關鍵年》（*1946 The Making of the Modern World*）指出，從一九四〇年到一九四五年，短短五年戰爭期間美國國民生產毛額從一千零二十億美元，成長到兩千一百四十億美元，成長將近一倍。

一九二九年美國開始經濟大蕭條，舉國上下努力了十一年，到一九四〇年時，失業率也只降到14.6%；可是到一九四五年，也就是二次大戰結束那一年，美國的失業率竟降到1.2%！在這場戰爭中，美國意外脫離了大蕭條困境，美國的GDP總量占世界二分之一，失業率低到幾乎是充分就業。這個國家在二戰全球成為廢墟的過程中，國力大幅超前，製造生產成長率驚人。猶太難民全面提升了美國科學、軍事、社會科學各基礎研究的水平。在二戰結束前一年，美國召開布列敦森林會議，更確立美元的世界霸權貨幣地位至今。

二次世界大戰除了讓美國走出大蕭條的泥淖，也縮短了國內的貧富差距，這是美國歷史上少有、貧富差距最小的時刻。美國農民不曾有過這麼高的收入！在大蕭條時期，收入占人口比例前5%的富人財富受損嚴重，而其他人的財富，卻在二次世界大戰中上升，貧富差距的數字

（吉尼係數，Gini coefficient）從40%降到大約20%，而且一直維持到一九七〇年。因此，這場戰爭對美國來說，真是打得太痛快了，歷史學家甚至稱其「嚐盡甜頭」。直到一九六〇年之前，美國全國生產的工業產品，幾乎是全世界加起來的總和；美國是世界的穀倉、世界的工廠，美元也一直是世界最主要的貨幣。

這樣的「美國優先」其中最重要的人物就是杜魯門，他重建了整個戰後秩序，影響直到今日。**很諷刺的是，他卻是美國歷史上最不得人心、民調最低的總統之一。直到一九七〇年左右，人們才意識到他其實是個偉大的領導人。**

杜魯門剛登上美國總統之位時，美國報紙罵他比罵川普還要兇，比川普嚴重太多了。當二〇一六～二〇二〇年，川普一再表示要「讓美國再度偉大」，拜登也承繼此理念，他們就是要回到二次大戰之後，杜魯門帶領美國站上全球領先的地位。

歷史學者維克托・謝別斯琛也提到：當時的報章媒體很喜歡拿杜魯門和羅斯福相比，笑他是一個政治侏儒，政治漫畫刻意把羅斯福刻畫成在拳擊場上痛擊對手的勝利者，或是在高空鋼索上穩穩行走的、很靈活

1944 年，羅斯福和杜魯門競選美國總統的宣傳海報

的雜技演員。其實大家都知道羅斯福是一個患有小兒麻痺症的人。他當選總統時，美國正面臨經濟大蕭條，就職典禮上，他拒絕坐輪椅，堅持一跛一跛地，自己撐著拐杖，走上演說台，發表了偉大的演講。那一刻，美國人無不熱淚盈眶。

所以，那樣的漫畫是一種比喻，意指坐輪椅的羅斯福反而很靈活；四肢健全的杜魯門卻是個飯桶，是個政治侏儒。杜魯門由於欠缺個人魅力，一再被刻畫成一個很軟弱、被動的人，有人甚至在汽車保險桿貼上"To err is Truman."（不犯錯，就不是杜魯門）。還有人用一首流行歌曲的歌名〈I'm just wild about Harry〉（哈利就是讓我提不起勁），諷刺小名叫 Harry 的杜魯門。杜魯門也挺絕地，他乾脆把那首曲子拿來當成一九四八年競選連任時的競選歌曲。

除了羅斯福本人太過強大之外，這當然跟杜魯門的出身及個人特質也有關係。他出生於密蘇里州的拉馬爾，不僅出身平凡，長相也平凡，還戴著深度近視眼鏡。在沒有隱形眼鏡的年代，他連游泳都需要戴眼鏡，同學普遍覺得他看起來頭腦很簡單、笨笨地。他也曾被霸凌，被學校同學嘲笑是「四眼田雞」怪物。美國有許多人看不起中西部人，加上杜魯門言語乏味，更讓東岸主流美國人覺得他不夠格，不是政治圈裡那種溫文儒雅、說話老練、能振奮人心的領導人。

杜魯門繼任總統時，有些評論家批評說，羅斯福最大的錯誤就是沒有栽培一個好的接班人，他太自信，忽略了自己身體的狀況。一位羅斯福的親信說：「在羅斯福眼中，總統一職唯一適任者只有他本人。」一九三三年，羅斯福第一次總統就職演說的時候曾說：「沒有哪一個人是必不可少的。」一九四四年，有人提醒羅斯福，以他嚴重的心臟病與功能很差的肺，做完第四任總統得要運氣很好才有可能。但羅斯福覺得沒問題，他自認他長年的小兒麻痺症，早已訓練了他，可以靠自己可以很多事。

羅斯福的名言是「最大的恐懼就是恐懼本身」，所以根本不理睬這些警告，繼續出馬競選第四任。當時他根本不認識杜魯門，副手是他的幕僚挑的，這完全出於簡單的政治選票考量，只因為羅斯福想要更漂亮的成績，需要在中西部和部分南部地區得到選票，所以羅斯福就選了來自中西部的杜魯門當他的副手。

羅斯福其實很輕視杜魯門。據說從就職到他去世那天，他們在白宮只見過兩次面。最後一次見面時，羅斯福還以他一貫不太在乎的語氣告訴杜魯門：「除非事情很緊急，不要來煩我。」這就是羅斯福對待副手的態度。杜魯門在那段期間有多麼被看不起，還可以從一個例子看出來：那時二戰尚未結束，每天下午總統、參謀長、國家安全聯席會議、以及情報機構負責人包括顧問，都聚集在白宮的地圖室（也就是現在的戰情室）討論戰情。但身為總統副手的杜魯門，在羅斯福生前居然一步都沒有踏進這個房間，他完全不知道美國的戰情、戰略，尤其美、英正在聯手研發原子彈，重大的軍事機密他都沒有被告知。更沒有人告訴他國際三巨頭：羅斯福、邱吉爾、史達林之間任何的政治交易；這三位領袖之間通信，羅斯福也不會交給他看。羅斯福從來不認為自己會死在任內，並且死在戰爭結束前，畢竟他才六十三歲，以一般認知離死亡還很遠。他想都沒有想到，他眼中平庸煩人的杜魯門，有一天會繼任他的總統職位，而且是在戰火最激烈的時刻。

一九四五年四月十二日，羅斯福突然在喬治亞州溫泉郡中風身亡，他的繼任者什麼事都搞不清楚，毫無外交經驗，而二次世界大戰正打到最重要、關鍵的時刻。

其實也難怪羅斯福看不起杜魯門，在杜魯門當美國總統之前，他只踏出美國國門一次，比現今很多年輕人出國打工壯遊的人，國際經驗還少。唯一的一次，就是在一次世界大戰中，他擔任砲兵軍官，在法國帶領過一個砲兵連而已。

杜魯門曾經說，他也不太了解羅斯福為什麼如此輕忽自己的病情。羅斯福當時病得多嚴重呢？一九四四年總統大選前幾天，當他想把牛奶倒到茶杯裡，卻虛弱地把牛奶倒到茶碟上。他的精神沒有衰退，但他的身體正在慢慢垮掉。這個人是得坐輪椅的小兒麻痺症患者，他帶領美國走出大蕭條，在二次世界大戰中贏得大多數的戰役，也解決美國經濟崩潰的問題，他覺得自己無所不能。

所以我們常說：「成功是最差勁的老師。」我想，羅斯福突然病逝，他地下有知、或者病發那一刻體認到死亡那麼早來敲門，一定很吃驚。震驚的當然不只羅斯福，也包括杜魯門。

杜魯門後來在別人為他撰寫的自傳裡提到，當下他非常震驚，他只差三個星期就滿六十一歲，突然間被送上一個完全不進入狀況的職位；而且，那個職位叫美國總統，領導全球的戰役。在此之前，他總是儘量

杜魯門從軍時的照片。攝於 1918 年

在人前表現得很謙遜，偶爾脾氣壞。等到他真的當上總統，人們才發現，他的謙遜是偽裝的，事實上他內心裡是一個很驕傲的人，他恨別人叫他「草包」。

羅斯福去世的隔天，杜魯門私下說：「我不認為美國想要有個冒牌貨總統。」從此，他下定決心要扮演一個不一樣的總統，這也說明為什麼後來他完全形塑了美國歷任總統沒有走過的國際事務道路，包括在歐洲、日本駐軍，領導國際重大政治經濟組織，不論在韓戰時杜魯門的決策方式，或是他一上任很快就決定對日本丟原子彈。他很清楚地認知到美國人打從內心就覺得他是個冒牌貨，而他要讓大家刮目相看！

杜魯門也設法讓老百姓不要討厭他，他儘量讓自己穿著時髦一點，經常穿一身雙排扣的淺色西裝、戴著眼鏡。這件事對美國人來說很特別。後來我看到一個紀錄：杜魯門是二十世紀唯一戴眼鏡的美國總統；而且杜魯門不只戴眼鏡，還是將近一千度左右的高度近視。

杜魯門接任總統後，一改之前虛假的謙虛及和善面貌；曾是他很重要的外交助手之一、知名外交官查爾斯．波倫（Charles Bohlen）如此描述他，杜魯門是他所遇過最冷漠的人。「就我所知，他完全不在乎

杜魯門的官方照片

世界上哪一個人的死活，包括他身邊最親近的幕僚。」但他也稱讚杜魯門，是把美國帶進了二十世紀主導全球的總統。

擔任總統以後，杜魯門變成一個眼光非常遠大的國際主義者，與以前美國的孤立主義完全不一樣。但是，如果看他的日記，你會發現其實他還是有某些根深蒂固的觀念，未必表現在他的政策上而已。這是很值得省思的。英文是" It was rooted in every American bone." 意思就是說，其實我們現在所看到美國對其他種族的歧視、種族主義，埋藏在許多美國白人的骨子裡。杜魯門後來的日記與私人信件被公開，大家看了都大大吃驚。他叫墨西哥人「墨西哥佬」，稱黑人為「黑鬼」（Nigger），用「拉丁佬」（Dago）、「猶太店員」（Jew Clerk）等貶抑名稱，罵拉丁美洲裔與猶太人。

杜魯門也討厭紐約，他覺得紐約人看不起密蘇里人，認為紐約根本是被猶太人控制的城市（猶太佬的城市）。他還在寫給妻子的某一封信中說道：「我認為人只要誠實、正派，不要像那些老黑或中國佬就很好。」這是非常早期的種族偏見，也非常「南方」。「我強烈認為黑人就該待在非洲，亞裔就該待在亞洲，白人就該待在歐洲和美國。」

這是杜魯門日記中的內容，雖然他是一個所謂的國際主義者，而且歡迎移民。

你可以想像，在杜魯門的前面，有一個如此光芒四射、且打破慣例連任了四任總統的羅斯福，他在羅斯福驟逝後接了他的位子，又出身這麼寒微，連經營一家男性服飾店都會倒閉，他應該很自卑吧？

結果杜魯門入主白宮時，沒有任何自卑感。他反而很討厭羅斯福政府裡很吃得開的那些常春藤名校出來的圓滑官員，他覺得他們勢利、言不由衷、自以為是。杜魯門常告訴友人，那些「穿條紋長褲的人」令他反感，他決定一入主白宮很快地施展權威，要給這些常春藤子弟瞧瞧。

或許正是因為這樣的心情，杜魯門總是太快就做決定。當他一知道曼哈頓計畫（原子彈計畫），加上美國在硫磺島作戰時犧牲很大，地面戰爭一旦進入日本本土，傷亡會更大，他立刻下令在廣島丟下第一顆原子彈。合理而言，他應該給日本人更多時間、至少一週來思考要不要投降，但他不等，三天之後就在長崎丟了另外一顆原子彈。人們說，不是丟原子彈這個決策不對，而是在兩顆原子彈中間，他其實應該給日本人合理時間討論要不要投降。可是杜魯門認為，那些日本的軍國主義者，如果不密集地在三天內丟兩顆原子彈，根本不會那麼快投降。

基本上，杜魯門比羅斯福願意授權。但是他授權的同時，講話還是很驕傲，不知是否因為自卑產生出來的驕傲。他曾說：「我或許不是很聰明，但是我足以掌握幹才，給他們機會，這是我和羅斯福不一樣的地方。」他一直活在羅斯福的陰影下，但並非壞事，這也逼他作大膽的決定，用當代的話，「讓美國真正偉大」。

杜魯門對許多事情，都要求他的部屬給他「非黑即白」的明確答案，並且提出解決方法。他的思考模式是：第一，要簡單明瞭；第二，寫在紙上給他；第三，頂多只能寫兩張紙。可是，歷史學家認為，全世界的難題那麼多，這樣的思考模式與解決問題方式，讓世界很快陷入了零和遊戲般的冷戰。

第二講
當被認為是「草包」的鄰居當上總統

六歲就因爲戴深度近視眼鏡被同學譏笑爲「四眼田雞」，他最大的願望原是在故鄉開一家男子服飾店，沒想到一連串的意外讓他成爲歷史人物。

在介紹杜魯門的童年之前，我們繼續回顧杜魯門在他的任內如何改變了世界。

其實美國人從來不打算選擇杜魯門當美國總統。在他前面的羅斯福，是大家心目中永遠的英雄，挑選杜魯門不過是一場意外。但這個不起眼的人物從此改變美國從十九世紀、二十世紀、到二十一世紀的外交政策。

而他看起來卻是那麼平凡。

他上台沒幾天，即下令指揮二戰戰事。二戰結束時，他提出了「杜魯門主義」（Truman Doctrine），完全改變美國在一九四一年，因為不得已才參加二次世界大戰的傳統外交政策——孤立主義。什麼叫作「杜魯門主義」，也就是大家現在最熟悉的「美國主導世界」，在此主義下，世界上只容許一個霸權、一個價值，它的名字叫做美國利益。杜魯門將「美國利益後面所隱藏的價值」輸出全世界。

二戰後，他很快批准了「馬歇爾計畫」，使得歐洲快速復甦；他決定加入韓戰，他與落難至台灣的蔣介石簽定「美中防禦協定」，從此改變台灣的命運；他和麥克阿瑟（Douglas MacArthur）鬧翻，召回了麥克阿瑟；他建立「北大西洋公約組織」，讓美軍長時間駐軍歐洲，且由美國支付大多數的軍事費用；此事直到川普總統才開始改變策略，而這筆帳從杜魯門直到近日，都沒有任何一位美國總統試圖改變。

光列出這些政策，你就知道杜魯門對美國的影響有多麼深。不過，如果我告訴你杜魯門年輕時的志向，你可能會大吃一驚。杜魯門他來自很平庸的家庭，原來是一個只開男子服飾店就很快樂的人。

杜魯門的童年太特別了，他出生於美國中西部密蘇里一個不起眼的小鎮，他的爸爸被同學稱為「落花生」。這也使得他當上總統以後，與那些來自於美國東岸的菁英格格不入。

杜魯門的全名叫哈利．杜魯門（Harry S. Truman），他的童年過得非常快樂，外祖父非常疼愛他。關於他的傳記，寫盡一些童年可愛往事。他有很長一段時間都是一邊吃棒棒糖、一邊看比賽，他外公經常帶他參加各種園遊會。他的外公留著白鬍鬚，擁有強健手臂，是個真正的男子漢。杜魯門曾經說，他最崇拜的兩位偶像，就是共和黨老羅斯福前總統和他的外公。小哈利除了有外公疼愛，還有媽媽的寵愛。他母親總是說：「你最聰明，我最了

襁褓時期和 13 歲的杜魯門

解你。」母親整天把他抱在懷裡，教他念《聖經》。所以杜魯門的出身，其實和現在我們所熟悉的美國鐵鏽區的白人很像。

一八八九年夏天，他剛剛過完五歲生日，媽媽生下一個妹妹。他之前不知道媽媽懷孕，所以聽到他妹妹出生的時候，就說：「哇！我們家來了一個新寵物！」這句話可以知道杜魯門小時候多麼天真無邪。

杜魯門六歲的時候，父母親發現他的眼睛看不清楚，先天性近視眼。那個年代沒有那麼多我們現在熟悉的 3C 產品，燈光也充足，大多數人沒有近視眼，我也不了解具體什麼因素。歷史上，他是第一個深度近視的美國總統。原本他的家人也沒有注意到他的眼睛有問題，有一年美國國慶日放煙火時，母親發現他對煙火聲的反應特別激烈，對看煙火卻沒有什麼感覺，才了解問題的嚴重性。隨後帶著哈利到密蘇里最大城堪薩斯城看眼科醫生，診斷後，醫生說他罹患了一種罕見的畸形眼睛疾病——眼球扁平。於是父母就幫小哈利買了一副價值十美元的鐵線框眼鏡。

戴上眼鏡以後，小哈利的世界像變了魔術一樣，什麼都改變了。但他也成了同學眼中的怪物，因為在密蘇里鄉下，沒看過「四眼田雞」。

和邱吉爾不一樣，杜魯門從小功課就很好。有一年他罹患白喉，在家裡住了很久，後來奇蹟般痊癒了。坦白說，在這樣的情況下，他的功課應該落後，可是他卻進步神速，在家裡認真的補習，學校甚至還答應讓他跳過三年級，直升四年級。

他對閱讀很有興趣。如果你想問杜魯門的故事和教育有什麼關係，我想告訴許多父母，很多人的出身都非常平凡（他唯一的不平凡，就是他是密蘇里鄉下唯一的「四眼田雞」怪物），他開始不平凡的原因，和媽媽小時候給他閱讀的書籍有關。

在他十歲生日時，母親送給他一套大部頭的書《那些偉大的男人和女人們》（*Great Man and Famous Woman*），這對他一生影響非常大。書總共分成四卷〈士兵和水手〉、〈政治家和聖賢〉、〈工人和英雄〉及〈藝術家和作家〉，內容包含摩西（Moses）、美國總統克利夫蘭（Grover Cleveland）、精研歌德（Goethe）的赫爾德（Johann Gottfried Herder）、英國女爵士蘿絲．麥考利（Lord Macaulay）、西班牙征服者……各種類型的人。這套書從當時英美最著名的雜誌精選文章集結而成，主題包羅萬象，本來不是編給小孩子看的。在四卷中，杜魯門對〈士兵和水手〉最著迷，當時他夢想著將來要成為一位偉大的將領，如書中所描述的獨眼迦太基統帥漢尼拔（Hannibal）一樣。

或許，一個母親買什麼書給小孩，可能從此改變小孩的一生。

有一天他很高興地寫信給朋友：「我對什麼人可以變成偉大人物、為什麼成功，已了然於胸。」他後來還自己拿零用錢去買了南北戰爭期間的名將李將軍（Robert Edward Lee）的傳記。

我們從這一段成長過程可以看到，杜魯門之所以可以成為我們所知、不太一樣的人，其實和他小時候喜歡閱讀，以及他媽媽在他非常小的時候，就給了他一些典範人物的傳記有關。

在第一次世界大戰

1944 年，杜魯門被提名為民主黨副總統候選人後，與他的母親合影

時，他度過短暫的軍旅生涯。他曾經說過一句話：「第一次世界大戰教導我的事情就是百折不撓。在我一生當中，遇過不少挫敗，當我在一次世界大戰的戰場上時，我還很年輕；但我學會了一件事——我不可以放棄。因為放棄，就是死亡。」

平凡的杜魯門如何意外踏上從政之路呢？

杜魯門出身微寒，年輕時在密蘇里州的家族農場裡務農長達十年，生活很清苦。我看杜魯門幾本傳記及年輕時代的故事時，常常想著，誰想得到這樣的人會成為今天我想討論的人物？甚至這樣的人居然會改變二次世界大戰後的世界格局，影響我們至今。

杜魯門家族的農場在一次世界大戰後被銀行收回了；他當時最大的願望，就是在密蘇里小鎮街區獨立城開一間男子服飾用品店，剛開始生意還真不錯，有聲有色，後來隨著一九二九年經濟大崩潰，很快的男裝店就倒閉了。不一樣的是，一般人倒閉就宣告破產，杜魯門並沒有，他很有骨氣，不申請破產保護。後來，他一步步地找到機會，當上了參議員，在參議員任內，他還完了這間男子服飾店欠下的債。人們說在跟錢有關的事情上，杜魯門非常廉潔、正直；尤其是相對於柯林頓、川普等人，杜魯門是美國少數離開白宮時，財產比進白宮時少許多的總統之一。

服飾店倒掉之後，杜魯門不得已改念法學院，之後出任法官。在當地各種不同的政治氛圍之下，一九三〇年他意外選上了當地的參議員。當時他說了一句話：「政治和所有的生意都一樣，越張揚就越容易搞砸。一個人被指派做一份工作，不可能是因為他人好、他人善良，而是因為這個人具備足夠的條件。」

但這件事情離他做美國副總統和總統實在還是太遙遠了。羅斯福被認為是民主黨中比較激進的人，甚至有點左傾；他需要一個來自南方鄉下、保守的基督徒、甚至有3K黨背景的人（杜魯門還真的參加過3K黨）。所以一九四四年羅斯福參加第四任總統大選時，為了平衡左右派，選上了杜魯門當副手。

杜魯門當上總統最重要的理由，還是命運：羅斯福沒熬過第四任期。羅斯福腦溢血過世之前，坐在喬治亞溫泉郡的一張牌桌上簽署文件，他一直喊頭痛，接著即昏了過去，從此沒有再恢復意識。兩個小時之後，醫生宣告死亡。

杜魯門（左）與羅斯福（右）在戶外共進午餐。攝於 1944 年

當時是倫敦時間午夜，柏林已經進入四月十三日，納粹宣傳部部長戈培爾得到消息後，非常興奮地打電話告訴希特勒。回頭看，希特勒自殺是一九四五年四月三十日，也就是羅斯福死後十八天；但他們當時當成是好消息，認為對自己有利。

所以，人對於自己的「末日將近」，包括死亡、戰敗，往往充滿了幻覺；對命運很不自知的。

羅斯福夫人這個時刻人待在華府白宮，她第一時間打電報告知四個正在軍中服役的兒子：父親已經竭盡所能完成他的工作。羅斯福總統是很了不起地，他在領導世界大戰的時刻告訴大家：「我沒有一個小孩不上戰場，當美國的軍人們、你們的子弟們、你們的孩子們在戰場的時候，我的孩子們也和你們一樣，併肩作戰。」

羅斯福去世後，白宮第一時間依憲法召開緊急內閣會議，由最高法院的首席法官主持接任儀式。杜魯門走到總統辦公室，打電話要求國會領袖馬上來白宮，然後派車去接他的妻子，他打電話告訴妻子說：「羅斯福走了，我要接任總統。」這時杜魯門的妻子才驚覺她要當總統夫人了，因為她沒有打開收音機。整個過程非常緊張，美國的記者、白宮的幕僚、政府機構、軍方及行政人員……從各處湧入，擠滿了走廊，辦公室內人滿為患。

杜魯門很快完成宣誓。宣誓後，他要求內閣閣員留下，眾人開始對他進行不同的報告。他必須簽的第一份公文，就是宣告羅斯福總統的死訊。

那時美國人的反應是什麼?

我來為大家敘述一下，也想告訴大家：**一個人要做大人物，有的時候你要忽略人們一開始對你的「不接受」**。

「老天！杜魯門當上總統了?!」有個媒體這麼寫道：「如果杜魯門能夠當總統，我隔壁鄰居那個擦鞋的草包也可以！」有位記者報導了一名

杜魯門夫婦的結婚照。攝於 1919 年 6 月 28 日

士兵的描述，那個士兵沒什麼名氣，但是他的描述卻廣為流傳：

當時部隊駐紮在德國鄉間的路旁，大家正排隊等著吃早餐。一名軍官跑過來告訴他們：「各位，我有一件重要大事要宣布　羅斯福總統昨晚去世了。」大夥兒議論紛紛，其中一人大叫：「什麼？什麼！羅斯福總統？羅斯福死了？」這名軍官繼續往下說：「除了死訊之外，其他事我也不清楚，我想這件事情很突然，或許是中風。杜魯門副總統將接替總統職位。」下面的人說：「誰？你說誰？」「杜魯門，你聾啦！你還以為是誰？」

這就是杜魯門要上台的時候，美國人的反應。

對杜魯門來說，他當時不得不接下戰時總統的職位。第二天早上，他必須把報紙全部瀏覽一遍，主要都是戰爭新聞。接任總統的第二天，美國第九軍團的坦克已經推進到柏林近郊的易北河之上，慘烈的柏林之戰正接近高峰。在太平洋戰事方面，美國步兵已經登陸菲律賓最後一個仍控制於日本人手中的島嶼；在一次大規模的白晝攻擊當中，美軍B29超級空中堡壘兩個小時之內在東京上空投擲了四百枚彈藥。他還看到了一則消息：美軍在戰場上的死亡人數第一年已經是十九萬

B29 轟炸機

六千九百九十九人，比第一次世界大戰美軍傷亡人數多出三倍。最新的統計資料顯示，連同受傷、失蹤、被俘虜的美軍傷亡總數，是八十九萬九千三百九十人，而且平均一天增加九百人；太平洋方面的戰爭死傷甚至比歐陸更加慘烈。

於是他把國務卿找來，問：「到底這個戰爭還要多久？」參謀總長對他報告：「歐洲戰場可能還要再打六個月。」當時沒有人想到，再隔十幾天希特勒就自殺了。「但太平洋戰爭眼看還要熬一年半。」

杜魯門煩惱著所有的事情，尤其外界對他的信賴。

四月十七日那天，華盛頓的天氣很熱、也很悶。杜魯門召開第一次記者會，想讓一百多名記者給予他好的評價；結果來了三百多人。那一次，大家對他的評價是「新總統給大家的印象很好」。他很謙虛地站在辦公室後面，笑容可掬地迎接每一個人，最重要的是，他回答問題直截了當，和羅斯福完全不一樣，因為他是眾所周知的直腸子。記者會結束時，與會人士給杜魯門空前未有的熱烈掌聲，他邁出了總統的成功第一步。

但他還沒有習慣當總統。一天中午，他突然決定要到離白宮不遠的漢彌爾頓國家銀行拜訪，於是他戴上帽子走出白宮，沒想到特勤人員立刻出動，一時之間白宮附近的交通壅塞了半個小時。從此他才意識到「我是美國總統」，學會要拜訪銀行，可以把銀行老闆找到白宮來，不需要自己跑銀行！

杜魯門的謙和，可能跟他過去從來不是重要人物有關。後來人們發現，他的內心其實相當自負，只是他曾經平凡的人生與平凡的外表，讓人以為他很謙虛。

白宮建築物依舊，但人事已全非。杜魯門的公關第一步是成功的，這個時刻他必須展現出不會令人失望的第二件事——效率。後來在一場內閣會議結束之後，陸軍部總司令亨利．史汀生（Henry Lewis Stimson）對他的評價是：杜魯門決定事情非常快；他開會就像談生意一樣，每次討論議題都比預期多上二至三項。

接著，是杜魯門接任總統後最重要的一件事情：他需要知道羅斯福生前從來沒有告訴他的一個機密——曼哈頓計畫。

大約在四月二十三日晚上，參謀長寫了一封快信告訴他：「總統，我想儘快和您針對一些機密事件談一談。」信上寫道：「您就任後不

格羅夫斯（右）與英國代表團負責人詹姆斯·查兌克（James Chadwick）談話

久，我就想找個機會告訴您一些事情，但顧及您初上任，壓力必然很大，決定不要再加重您的負擔，可是從現階段的外交關係及戰局發展著眼，我覺得必須趁早讓您知道。」於是過了兩天，四月二十五日中午，參謀長單獨來到白宮，真正曼哈頓計畫的負責人格羅佛斯（L. R. Groves）將軍為避人耳目，從側門進入總統辦公室，為了不驚動新聞媒體，了解曼哈頓計畫的馬歇爾將軍則沒有露面。

要將機密告訴杜魯門的過程，他們還做了其他非常精細的安排。參謀長先說，他開始接觸這個計畫是在一九四一年十一月，當時羅斯福任命他組成一個委員會，專門研究與原子核分裂有關的各項科學研究，並且為總統提供建議。他參與該計畫每一步的發展過程，而原子彈發展初期是和英國共同合作的。

那一天，離希特勒自殺只差五天，參謀長從公事包拿出來幾張打好字的備忘錄給杜魯門看，那份備忘錄是當天早上才寫好的。備忘錄的第一句話（讓人家看了就知道驚心動魄的歷史即將開始）是這麼寫的：

四個月內我們即可完成人類史上最具威力的武器，只要擲出這麼一枚炮彈，便可摧毀一座城市。儘管是英國和美國共同發展的，但目前只有美國有能力製造。

杜魯門看完備忘錄後，從側門進來的格羅佛斯將軍才走進辦公室，拿出另外一份二十五頁的曼哈頓計畫報告，交給杜魯門。

羅斯福生前從來沒有告訴杜魯門這件事情，甚至連邱吉爾也不了解全部內容。根據邱吉爾後來所撰寫的《第二次世界大戰回憶錄》，雖然這是英國和美國共同發展的計畫，但他只記得一九四四年秋天，一次在英國海德公園與羅斯福見面時，他被告知：「經過仔細考慮後，我們把一九四一年一起合作的東西拿來對付日本人吧！除非他們宣布投降，否則他們會嘗到不斷被轟炸的結果。」

杜魯門得知曼哈頓計畫的時間是一九四五年四月二十五日，當時原子彈還沒有試爆，也就是不知道原子彈的製造是否有成功。格羅佛斯將軍告訴剛剛接任總統的杜魯門，第一次試爆的時間最早要等到七月初，如果以事後八月兩顆原子彈投擲日本來看，你可以想像事情發展有多快，也可看出杜魯門做決策非常快的特色。

事情發生得更快的是四月二十七日，美軍和蘇聯部隊在柏林南方的易北河集結，一起進攻柏林。第二天，義大利的墨索里尼遭同黨殺害，他的屍體像屠宰豬隻般被吊起來；四月三十日，希特勒自殺；五月二日，蘇聯紅軍攻陷柏林。儘管邱吉爾不斷暗示和平即將在一週內降臨，但是大多數人都勸他不要急。一九四五年五月七日，德軍最高統帥向聯軍投降，二次大戰最慘烈的歐洲戰爭終於正式結束。

投降書於凌晨兩點四十分，在盟軍位於法國的遠征部隊最高司令部裡簽署，德軍宣布無條件投降；隔天，五月八日，透過收音機，邱吉爾、史達林、杜魯門三國領袖同時間發布歐洲戰爭結束的喜訊。這時，杜魯門不只談到歐洲戰爭結束，他還立刻告訴日本：「儘快投降，否則攻擊的武力和轟炸的頻率會持續增加。戰爭延續越久，日本人遭受的痛苦越大，而這一切都是沒有必要的。」

五月八日當天，剛好是杜魯門六十一歲的生日。經歷所有這些事情，他總共才當總統二十五天；這二十五天對他來說，多麼驚心動魄！

此時，他腦海裡主要在想的是：「只要原子彈試爆成功，我就要立刻結束太平洋戰爭。」

第三講

決定對日本投下原子彈

對日本投擲兩顆原子彈後，杜魯門說：「我決定使用原子彈的那一夜，我睡得很安穩。」因爲如果不使用原子彈的話，美國至少得花一年以上的時間和日本纏鬥。於是這位看似平凡的政治家，做了人類至今沒有一個領導者做過的事：丟下原子彈，而且三天之內丟了兩顆。

我想引用杜魯門所寫《論歷史》中的一段話："My definition of a leader in a free country is a man who can persuade people to do what they don't want to do and like it."（一個領袖，要有能力說服別人樂於做他們不想做的事。）

什麼是杜魯門認為人們不想做的事？

二戰末期最重要的一件事就是：杜魯門決定使用原子彈。

上一講提到，杜魯門六十一歲生日當天歐戰結束，他也已經知道了曼哈頓計畫，也就是美國祕密研發的原子彈即將成功。於是他等待著七月的試爆結果。試爆成功之後，杜魯門要讓人們知道他是一個決策非常果斷、並能迅速行動的領導者，他絕不是草包。客觀形勢上，也不容許太平洋戰爭拖延下去：希特勒已經死亡，德軍已經投降，但日軍還在瘋狂頑固的反抗。

一九四五年七月，原子彈試爆成功，杜魯門立即批准，只要天氣狀況允許，就使用原子彈轟炸日本。八月六日，原子彈試爆之後一個月，三架美國B29轟炸機由太平洋小島天寧島（Tiniam Island）出發向北，飛往廣島。兩地相距一千五百英里，飛行時間六個半小時。我從當時的飛行員訪問裡發現，那位飛行員說的一句話，可以讓人有回到歷史現場的感受：「這趟飛行簡直是無與倫比地單調乏味。」

三架美國B29轟炸機中，只有一架載有原子彈，開飛機的是位中校，因為當時並沒有太多顆原子彈，而且才剛剛試爆成功。另外兩架飛機緊隨其後，任務是記錄和測量爆發的威力。這枚原子彈長十呎，直徑二十八吋，外型矮胖，看起來很醜。飛行員們還在彈頭的側邊留言：「日本天皇該死！」「此舉是為了在印第安納波利斯（Indianapolis）上的弟兄們！」那是美國的一艘航空母艦，當時日本以「神風特攻隊」擊沉了印第安納波利斯艦。

三架飛機在飛往廣島的半途上，經過了硫磺群島。五個月前，日軍和美軍曾在這個島嶼展開血腥的激烈鬥爭。日本人知道，硫磺島一旦失守，美軍將再增添一個空軍基地，於是在這個地方進行激烈的殊死戰。為了避免日本本島的城市遭受致命空襲，日軍幾乎是傾全力阻止美軍占領硫磺島。

硫磺島之役曾被拍成電影，兩萬多名日軍躲在島上的地下碉堡，以厚實的水泥牆做為屏障，確保碉堡內的機關槍和大砲對島上的每一寸土地都可以進行掃射。美軍戰艦和飛機連續七十四天轟炸硫磺島，接著海軍陸戰隊在一九四五年二月十九日登陸該島，經過一番難以置信地殘酷廝殺，日本人仍然拒絕投降。當時有兩萬餘名日軍陣亡，只有二一八名活生生地被俘虜。美國海軍陸戰隊則遭受有史以來最慘重的傷亡——不到一個月就犧牲六八二一名隊員，同時有一萬八千多人受傷。

美軍在硫磺島上豎起國旗（©Joe Rosenthal）

載著原子彈的飛行小組，在飛過硫磺島的時刻特別看了一眼。接著他們在離日本海岸五十英里處截獲無線電訊息，這個訊息告訴他們「廣島上空天氣晴朗」。

廣島當時居住了二十四萬五千名左右的居民，旁邊有青翠的山林，及現在很多人會去玩的瀨戶內海。過去美軍轟炸期間，已經有相當多的B29轟炸機每天經過廣島上空，但是多數時刻都沒有在這個地方投擲炸彈，或進行很重大的掃射或戰爭，大家也不太了解為什麼美軍會選擇這裡。有人謠傳，杜魯門的母親曾經住在附近，但至今仍然沒有人知道，杜魯門選擇廣島做為第一個人類被原子彈投擲地點的原因。

飛行小組慢慢接近廣島的時候，其中一架飛機開始掉頭，因為它的目的不是投擲原子彈，而是拍攝整個轟炸過程。第二架飛機丟下一些儀器，將為原子彈的爆發威力留下科學證據。當第三架飛機丟下重達九千磅的原子彈後，三架飛機立即向上翻騰，並盡速遠離爆炸現場。組員們戴上原先準備好的護目鏡（一種為防止眼睛受傷特製的眼鏡），看著這個原子彈落下，焦急地等了四十三秒。當原子彈在廣島上空兩千英尺處爆炸時，三架飛機上的組員已在四十三秒內遠離現場。

他們回憶，當時回頭看，廣島市已化為灰燼，城市上空升起一片多色的巨大蕈狀雲，即使飛了二五〇英里後，仍可看到。不久之後，這位中校寫了一份簡單的報告：「任務圓滿達成，視覺效果大於所有測試；投擲原子彈之後，機上狀況一切正常；看到該市，同時毀了該市。」

對杜魯門來說，此刻面對非常大的壓力是趕快結束太平洋戰爭，因為日本人太瘋狂了，簡直是以殊死戰的方式抵抗，他不能接受。另外，他必須在美國國內政治上展現他不是人們口中的「草包」，不是人們譏笑的「如果是杜魯門做總統的話，我家鄰居也可以做總統」，他要人們對他刮目相看。

八月六日，第一顆原子彈剛丟廣島，三天之後，八月九日，B29轟炸機又進逼日本。由蘇維尼少校（Charles W. Sweeney）率領小組運載的另一枚原子彈——大胖子（Fat Man），和投擲在廣島的那枚小男孩（Little Boy）不一樣。小男孩體積比較小，含鈾元素；大胖子則是含鈽元素。他們原來首要的目標是小倉市（現在的北九州），但因為當地的雲層太厚，飛機轉向到了長崎，剛好天空無雲，小倉市因此逃過一劫。

廣島（左）與長崎（右）原子彈爆炸後所產生的蕈狀雲

一九四五年八月九日上午十一時零一分，一分不差，第二枚原子彈落在長崎市，機上組員看這三天內第二次的原子彈爆炸，感到驚駭。一位助理工程師描述他當時在飛機上所記錄的感受：「這次我的感覺跟第一次投擲原子彈不一樣，我覺得全世界好像都瀕臨毀滅。」

這些對原子彈爆炸導致的巨型「蕈狀雲」感到錯愕的美國空軍人員，當時並沒有看到地面上的殺傷力——在廣島，有七萬名日本人死亡，七萬人受傷；在長崎，四萬名日本人死亡，六萬人受傷。而且由於投擲長崎的原子彈含鈽，所以長崎後代子孫畸形、殘廢的比例，比廣島更嚴重。

當時，美國一些評論家認為，投擲原子彈開啟了一個新紀元，代表人類所謂戰爭和進步的真正意涵；但這些後來都成了廢話。

「到底該不該投擲原子彈？」成了後來人們評價杜魯門非常重要的指標。

你可以想像嗎？杜魯門在羅斯福逝世後繼任美國總統，在八月六日與八月九日就丟下兩顆原子彈，差不多就是上台之後四個月。所有與原子彈有關的這些軍事祕密，都是他繼任總統後才知道的，他的決定必須做得又狠又快。

我提過英國剛開始曾經參與製造原子彈，當時美、英組成一個臨時委員會，主要負責人是史汀森，另外包括美國國務院、海軍部代表、哈佛大學和麻省理工學院的兩位校長，還有製造原子彈的主要科學家，著名的羅伯特．奧本海默（Julius Robert Oppenheimer）。對於原子彈應該如何使用？臨時委員會全體成員在六月一日建議，盡快使用原子彈突襲一個足以凸顯其實力的目標，全權交由美國總統杜魯門處理。於是一九四五年七月十六日，原子彈在新墨西哥州沙漠試爆，據參與的人回憶，當天的月亮很圓很亮。試爆成功時，杜魯門還在德國附近的波茨坦，和盟軍史達林、邱吉爾開會。一位幕僚沒有任何異樣地走向他，遞給他一份極機密電報：原子彈試爆成功了。

杜魯門是什麼時間下令的？我們剛剛列出原子彈投擲日本的時間是八月六日與九日，根據歷史紀錄，杜魯門在七月二十四日命令空軍「只要氣候允許，馬上投擲第一枚炸彈」。所以他下令的時間點是七月二十四日，試爆成功八天之後，非常快的決策。

很多人在戰後批評杜魯門。杜魯門在他的回憶錄表示，離試爆成功只有八天，但「我們別無選擇」。杜魯門傳記中引述，當他收到廣島遭到重創的消息時，說了一段話：

> 這是歷史上最重大的事件，如果日本拒絕接受我們的條件，他們很可能遭到前所未有的毀滅性空襲。

1945 年史達林、杜魯門、邱吉爾出席波茨坦會議

可是日本人當下很蠢，要求抗爭到最後一兵一卒為止，即使在第二枚原子彈毀了長崎之後，仍有一些日本將領堅拒投降。當裕仁天皇在八月十日於廣播裡宣告日本戰敗投降時，日本各地傳出許多槍聲——不是殺別人，是自殺，一些日本軍國主義信仰者當場自殺。三島

1945 年 8 月 14 日，杜魯門總統在於白宮宣布日本投降

由紀夫、川端康成這些日本了不起的作家，他們成長於軍國主義的年代；對他們而言，日本承認失敗的那一天，他們感覺自己的靈魂就已經死了，只是隔了很久以後才自殺。

多年之後，杜魯門對自己決定使用原子彈所招致的批評，相當耿耿於懷。一九五九年，他被邀請至美國哥倫比亞大學演講，他告訴那些學生：「當我決定使用原子彈之後，我睡得很安穩。」他一點都不懷疑自己當時所做的決定。杜魯門說，如果沒有原子彈，日本人會像硫磺島之役一樣，拚上所有人性命保衛日本本島，他相信投擲兩枚原子彈至少挽救了二十萬美國士兵的性命！

杜魯門在那個時刻也告訴美國民眾，在長期戰爭的慘況下，所有的人看似堅強，其實都非常脆弱，而且無情。只有使用原子彈，才有辦法結束戰爭。

他的決策有沒有錯呢？

我們回頭看幾個紀錄。

一九四五年初，美國已經使用了非常可怕的、大火球一樣的汽油彈，對東京投擲了兩千噸的汽油彈，溫度高達華氏一千八百度的大火球在上空燒起來。執行攻擊任務的飛行員說，他把汽油彈丟下去的時候，彷彿能聞到從地面飄入空中「燒焦的人肉味道」，差一點吐出來；那一次有十二萬五千多名日本人死於空襲行動。在對廣島投擲原子彈的十個星期之前，B29轟炸機再度空襲東京，那一次的大汽油彈也導致八萬三千名平民死亡，皆被燒死或炸死。但日本人還是堅不投降。

杜魯門說如果不使用原子彈的話，美國至少得再花一年的時間和日本纏鬥。**於是這位看起來很平凡的政治家，做了人類到現在為止，沒有一位領導者做過的事情。**

所以什麼叫歷史人物？當年，他出生的時候人們還說他有點女性化，嘲笑杜魯門如果不戴眼鏡，和瞎子沒兩樣。杜魯門小時候熱愛歷史和傳記方面的書籍，喜歡莎士比亞、狄更斯、雨果、馬克．吐溫；喜歡彈鋼琴；想上西點軍校，但視力檢測沒有通過；想念商學院，但家中的經濟窘困無法繼續學業。歷史最後就由這樣的一個人，因為不同的因緣際會，徹底改變。

或許正是因為他的平凡，使他決定了非常不平凡的事。

就像一開始我引用他的那句話：「一個領袖，要有能力說服別人樂於做他們不想做的事。」他覺得自己最出色的，以及他的部屬後來對他最稱讚的，就是他的冷靜、沉著。看起來他謙稱自己是一個缺乏特殊才幹、沒什麼教育背景的普通人，因為他的出身太平凡了，所以很多人認為這是他刻意表現出來的樣子。扮演這種普通人的樣子，反而凸顯他與那些應該出現在華府的菁英很不相同，進而做出一些果決的決策。

寫過數本杜魯門傳記的作家羅伯特．多諾萬（Robert Donovan）有一句形容杜魯門的話，我覺得寫得很不錯。他說：

「他是一個實踐者，不是一個夢想者，而且懂得善用他的權力。」

杜魯門還有一句話，也很重要：

「不要剛開始就覺得自己比別人差。沒有錯，頭六個月，連你自己都會懷疑你怎麼有資格來這裡；六個月後，你會懷疑其他的人怎麼有資格來這裡。」

杜魯門真的在他上台不到六個月之後，結束了二次世界大戰；接著開始讓美國走上杜魯門主義，啟動國際主義，創立聯合國、北大西洋公約組織，美國軍隊首次進駐歐洲；然後派麥克阿瑟到日本，想辦法不讓裕仁天皇變成戰犯，再等於把刀子架在裕仁天皇的脖子上，告訴他：

1950年6月底韓戰爆發後，杜魯門總統簽署美國加入韓戰的文件，宣告台海中立化，下令第七艦隊通過台海

「抱歉，我才是上帝的子民；你不是神，你只是一個人。」杜魯門透過裕仁天皇在日本人心目中的地位，貫徹了美國一切的意志，徹底改變日本的封建制度。

迄今為止，日本人對美國人的態度，在這方面並沒有太大的改變。

杜魯門決策得很快，其中最著名的事情還有一九五〇年的韓戰。

太少人好好研究杜魯門如何在接續羅斯福上台後，明快地做出各種決策，所以都低估了他，都從他的長相出身來判定。這也是世人看政治領袖時最容易犯的錯：你會從他的長相、從他的語調、從他跟你相處的方式、從他的出身講話表情風格去判斷他。毛澤東與史達林都認為杜魯門是隻紙老虎，認為「朝鮮戰爭可以打，美國在杜魯門領導下不會參戰」，結果一九五〇年六月二十五日，朝鮮跨過三十八度線之後三天，杜魯門立即宣布參戰。這場戰爭從此掀起了半世紀冷戰，整個世界的格局皆被改變，直到一九八九年柏林圍牆倒塌。

人們太容易依直覺判斷他人，而不是真的研究，從他的真實性格、從他具有的經驗、他的政治決策來判斷一個人。

杜魯門決心讓「美國永遠偉大」，他有非常多的重大計畫，除了要徹底征服改造日本之外，還有一個，就是要徹底瓦解大英帝國，讓美國永遠第一。

第四講

實現美國國際主義的第一步：徹底改造日本

二戰後，杜魯門指派高大的麥克阿瑟前往接收日本，刻意讓裕仁天皇免於一死，藉此控制日本人民，進而把日本改造成以美國價值爲典範。

在這一講中，我想談的是杜魯門如何處理丟了兩顆原子彈之後的日本。第一個關鍵因素是日本裕仁天皇該不該退位，甚至送東京大審判當戰犯審判。

這並不只是美國內部的爭論，也包括日本內部的爭論。裕仁天皇的弟弟高松宮宣仁親王，曾被建議是一個適當的替代人選。日本一位大詩人還曾經發文促請天皇退位，認為天皇嚴重疏於履行個人的職責，要為出賣在戰場上為他犧牲性命的忠貞軍人負責。

麥克阿瑟陸軍將軍在會議上向杜魯門總統致意

最後，杜魯門派出麥克阿瑟將軍，他們就如何處理日本天皇做了非常重要的討論：一方面，麥克阿瑟將軍想要了解日本；另一方面，杜魯門已經決心要讓自己當一個不是冒牌貨的美國總統，他要徹底改變美國在國際舞台的角色，輸出美國價值。

於是日本成了第一個實驗品，他們要把日本從上到下徹底改造，從半封建的國家，改造成以美國價值為典範的二十世紀現代化國家。

所以，對他們而言，天皇退不退位、處不處決，不是是非功過，而是符合以上目標的策略選擇。

整個過程中，麥克阿瑟將軍扮演美國歷史上從來沒有出現過的國際主義外交政策中的角色。杜魯門透過憲法及法律，把日本從來沒有思考過的民主體制強加在他們身上，不管日本人喜不喜歡，接不接受。他決定利用天皇體制，包括既有的公務員體系，達成這個目標。因為天皇要聽命於他，才能免於一死。

麥克阿瑟為什麼在其中變成很重要的人選？除了他當時在遠東戰爭的角色之外，杜魯門很聰明，不知道為什麼他對這件事想得很透徹，他覺得要派一個高大的美國人到日本去見天皇，而且不下跪。因為天皇要不要接受戰犯的審判，只在美國的一念之間。杜魯門不僅派高大帥氣的麥克阿瑟去日本，還要他跟天皇站在一起拍照，讓矮小的裕仁天皇感覺自卑，然後在日本所有的媒體上刊登，讓所有日本人都知道美國是如何的高大強大，日本是如何矮小的輸家。所以，杜魯門看似尊重日本體制，保留了天皇體制，保留了裕仁天皇，保留了他一條命，不過也是變相在告訴天皇：「我這把刀子，隨時在你的脖子上，我叫你做什麼，你都非做不可；儘管你是天皇。」

這是杜魯門和麥克阿瑟之間，很重要的政治默契。

本來，日本天皇被日本人視為是天神的後裔，突然之間，他變成麥克阿瑟及杜魯門的思想執行官，甚至傀儡，這感覺很諷刺。但也在這個機緣下，美國開始了在全球最重要的國際主義的第一步。

到了一九四六年，不管是親王和詩人，已經不再質疑裕仁天皇的統治權了，因為他們知道麥克阿瑟已經放過了裕仁天皇。之後，天皇開始發布很多「人間宣言」，第一句話就是宣告自己是人不是神，這在日本可是天翻地覆的一件事；叫他做這件事的就是麥克阿瑟（在日本，以「SCAP」——即駐日盟軍總司令，Supreme Commander for the

1945 年 9 月 27 日，昭和天皇裕仁會見麥克阿瑟

Allied Powers——來稱呼他，他也如此自稱）。他希望並要求天皇公開表態，因為這是美國改造日本的第一步——裕仁，你不可以再做人民膜拜的專制統治者，你必須接受憲法。

天皇在這件事情上也不得不公開表態，第一個，這樣才能夠保住他的皇位；第二個，他不會被當成戰犯審判。

所以有時你似乎該殺一個人，但你沒有殺，反而可以因此控制他。

麥克阿瑟將軍處理裕仁天皇就是如此，他不殺裕仁天皇，然後再利用日本人對天皇的膜拜，控制了整個日本。

「人間宣言」起草者當然不是天皇本人，也不是皇宮內的哪一個幕僚，而是麥克阿瑟手下的一個教育顧問——駐日盟軍總司令教育部的顧問——名字叫哈羅德．韓德森（Harold Henderson）。韓德森後來在回憶錄談到起草過程：一天中午用餐時間，他躺在東京市中心第一飯店的床上，突然接到麥克阿瑟將軍要他寫這麼一個宣言的任務。他覺得太簡單了，因為對美國人來講，本來就沒有什麼人是神，大家都是人，所以他就在飯店的床上完成了草稿。日本天皇不是神，是人，就這樣，在一個飯店房間的床上，千年之神位被廢掉了！

第一飯店當時是美國很多高階軍官的下榻之處，韓德森自己說，他在寫稿時曾想像日本天皇的心情，所以在這份宣言裡提出只有兩個段落、但意義深遠的聲明：「期盼一個有著新理想的新世界，把人當成大神，凌駕國家之上，朕與爾等之間的紐帶，並非單單倚仗於神話和傳說，亦非倚仗於日本人是神之後裔、優於其他民族、註定要統治之謬論。朕與爾之間的紐帶，乃是千百年的奉獻與愛所打造出來的相互信賴和敬愛。」這份宣言並沒有直白明指說裕仁是人，但卻把他從神的位置給請了下來。後來日本有一位憲法學家曾說，這是「巧妙的運用一種深奧難懂的語言」，把天皇從天上，直接扔回人間。

日本經過廣島、長崎原子彈轟炸之後，基本上只要看到美國人就很恐懼，也可以說是「敬畏」。麥克阿瑟和杜魯門的這個抉擇，其實是很特別的。因為在美國華府具有影響力的人，包含美國很多高階將領，都要求裕仁天皇退位，而且以戰犯身分受審、處死。英國人、俄國人、澳洲人、朝鮮人、中國人都極力催促杜魯門總統，啟動對裕仁天皇的審理程序。美國參議院還通過一項決議，要求審理天皇。另外，參謀長聯席會議還命令麥克阿瑟立即著手蒐集裕仁參與發動戰爭，以及日本違反國際法的所有證據，但杜魯門和麥克阿瑟心中另有盤算。

麥克阿瑟告訴杜魯門，依他對日本的了解，他深信天皇體制的維持並且讓裕仁繼續擔任天皇，日本局勢才會穩定；其次，將來要求天皇把日本徹底改頭換面，裕仁就會全面配合。杜魯門接受了他的看法。

麥克阿瑟和杜魯門對日本歷史的了解都很少。第一講我提過，杜魯門在當美國總統之前，只有在第一次世界大戰到法國當過砲兵，他沒有出國過第二次，連旅遊都沒有，所以不可能了解日本；但是他們倆很依賴專家。麥克阿瑟的參謀部有一名親信顧問邦納．費勒斯（Bonner Frank Fellers）准將，他很了解日本，學過日文，在一九二〇年到一九三〇年之間常常前往日本，而且他有一個非常親的表姐妹，嫁給了曾經駐華府多年的日本外交官寺崎英成。費勒斯寫了各種報告，告訴麥克阿瑟，應該如何掌握日本社會情勢。麥克阿瑟認為，那些在華府的人並不了解日本的情況。難得的是，因為杜魯門已經決定要走國際主義，要把日本當成第一個被美國改造的國家，他與麥克阿瑟的理念不謀而合，雙方立即拍板。

一九四六年二月底，麥克阿瑟發電報告訴杜魯門，調查天皇過去十年的作為，沒有辦法找到任何戰爭罪名的直接證據。這當然可能是說謊，是麥克阿瑟和杜魯門合演的一齣戲。這件事情杜魯門還把它交給了艾森豪將軍，後來華府眾菁英、將軍們覺得沒辦法了，因為審判講求證據。簡單來講，當時是刻意不尋找任何書面證據，或是任何一種白紙黑字的紀錄；即使不是大多數的美國菁英都認同，但是，美國人最後了解到杜魯門同意保住了裕仁和天皇體制。

當時的裕仁天皇四十歲左右，他教育程度很高，但也是一個僵固、刻板的人。他最熱愛的就是海洋生物學，他本身從來沒有對二次世界大戰有過真正的反省，在那個過程當中，他只想到如何保命，如何好好跟美國人配合。

這一點多麼不像神，多麼像凡人。

一九八〇年，處於晚年的他告訴兒子：「我們會輸掉戰爭，是因為太低估美國和英國的能耐，日本只知道如何進攻，卻不知道如何撤退。」這位逃過一死的天皇，晚年依舊推卸責任。

這場戰爭奪走日本本地至少二七〇萬子民的性命，而在那十五年間侵略中國、併吞滿洲，從中國長城到澳洲最北端的這一整片廣大地區有一七四萬名日本軍人死亡。等戰火蔓延到日本本土後的兩年半內，將近一百萬人死於盟軍對日本城市和主要農業區的地毯式轟炸。當時東京有三分之二的民宅被毀，大阪是五成七，名古屋是八成九，很多城市都成了鬼城。整個日本面對的是可怕的懲罰。

戰後，他們在麥克阿瑟的面前，嚇破了膽，渾身發抖。

在城市的瓦礫堆中曾經出現令人心酸的一幕：有相當多失去父母的小孩，脖子上掛著白盒子，盒子裡放著他們親人的骨灰。城市裡，超過四分之一居民無家可歸。

大多數人不太想聽這段歷史，覺得日本到處殺人，他們的悲劇就是活該。但是我特別想講這一段的原因是：對日本人、對裕仁天皇來說，在戰後最大的問題已經不叫丟臉，「日子要過下去」才是最重要的。所以麥克阿瑟對裕仁天皇來說，不只是一個讓自己免於一死的人，還是一個可以讓日本從這種完全殘破不堪的局面中，再度站起來的英雄。

麥克阿瑟在這個時刻，第一件想做的事情就是避免饑荒。他把美國陸軍儲備緊急之需的三五〇萬噸糧食徵用到日本。麥克阿瑟做這件事情的時候，美國的參謀長、聯席會議和眾議院是不知道的，所以他們非常

1945 年空襲後的大阪難波區。左邊可見南海電鐵難波站

生氣，要麥克阿瑟給一個解釋。麥克阿瑟是個相當驕傲的人，他很傲慢地回答：「基於戰勝的責任，日本如今是我們的階下囚、快餓死的俘虜。現在給他們飯吃，將來才能夠徹底統治他們。」

糧食進口讓日本打從內心真正接受了，不只接受自己戰敗，而且很感謝美國占領他們，讓他們有飯吃。對他們來說，從戰爭後期到美國人占領，日子是從吃蚱蜢到糧食配給。盟軍進口的糧食有小麥、玉米、麵粉、糖、奶粉和一些牛肉罐頭，和日本的傳統飲食很不一樣，但日本人靠著這些東西保住性命。改變新飲食習慣，在日本也引起了一番討論。譬如，一些日本報紙會出現類似言論：（可能是家境比較好的人寫的抱怨）美國人給我們的食物，尤其是美國豆子，造成令人難堪的脹氣「放屁」，新的配給食物使人大大失態——你可以想像一個穿著和服的日本女人在寫這封信時的模樣。

美國掌控日本的過程，除了不殺裕仁天皇，最重要的就是糧食配給，並且規定他們一天食物的攝取量不可以低於兩千兩百卡路里；兩千兩百卡路里對很多人來說，已經是足夠了。

杜魯門與麥克阿瑟的關係，本來並沒有太好，兩個人只是為了共同目標一拍即合，但麥帥和美國華府的意見並不相同，他也得罪了華府很多的政治菁英。在戰後就流傳著一則關於麥克阿瑟將軍的笑話，說他把駐日盟軍最高司令官與上帝混在一塊兒了，他把裕仁天皇從神變成人，把自己從人變成神。當他站在裕仁天皇面前，讓裕仁感到很自卑的時候，他覺得自己是一個神。華府流傳對麥帥的批評：他以自我為中心，只關注自己，以為自己代表神。

麥帥精力充沛聰明、決心十足，他擁有正義的風範。在一個非常需要英雄的戰爭年代，他是一個不折不扣的人物，他的英勇沒有人懷疑過。所以一九四五年八月底，他以征服者的身分降落在厚木航空基地，

抵達厚木航空基地的麥克阿瑟將軍（右二），攝於 1945 年 8 月

接受日本皇軍投降時，就表現了這種氣概。

後來邱吉爾曾經談到，就戰爭期間令人驚愕的英勇行徑來說，麥克阿瑟親自踏上日本土地這件事情就很不簡單。

麥克阿瑟怎麼維持跟日本人的關係，也很特別。他抓住日本人對他的恐懼，也抓住日本人的某些性格——大和民族強烈的矛盾：自尊和自卑。駐日期間，他寧可和老婆兩人關在大宅子裡，看美國西部電影，也絕不與日本人往來。他不去日本餐廳，也不想了解日本的點點滴滴；如果必要，就叫他的幕僚去了解。他也不邀請日本一些重要的政治人物來家裡吃飯；他不吃壽司，不吃日本涮涮鍋，只吃美國牛排。這並非因為他如此愛好美國食物，是他看穿了日本，他覺得和日本人太靠近，這些人就會忘了自己是誰。

麥克阿瑟和杜魯門所要完成的工作非常浩大。根據他私人祕書的敘述，麥克阿瑟駐日本，變成當地像神一般的最高領導者的時候，只有十六個日本人和他說超過兩次話，那些人的職位全部都在首相、最高法院首席法官、或最大的大學校長之下。他用距離贏得日本人對他的尊敬和愛戴。

麥克阿瑟當時就判斷東方人盲目景仰勝利者，日本人的文化本質上需要神一般的人物當威權統治者，所以他覺得既然不是裕仁天皇，那就是他自己。

在日本，當時有五十萬名日本人寫信給他。為什麼後來華府會知道麥克阿瑟自戀、忘了自己是誰？因為他把這五十萬封左右的信，其中數千封把他講成是神的、上帝的，全部歸成檔案，放在身邊，這裡頭充斥令人起雞皮疙瘩的誇大崇敬之情。他常被日本人稱為「日本的活救星」，有一封信如此寫道：「一想到閣下未採取嚴厲的報復，而是採取寬宏大量的措施，我心裡就湧起敬畏，好似置身上帝面前。」還有一位老者寫信告訴麥克阿瑟：「我每天早上都會朝駐日盟軍總司令的照片膜拜，就和過去膜拜天皇御照一樣。」麥克阿瑟還收到很多禮物，從絲質的和服、茶道用的茶壺，還有日本最著名的和菓子……種類很多。

當麥克阿瑟在日本地位越來越高，他完全刻意和日本之間產生一個很不平等的關係，他要求美國當地的普通士兵也跟日本人不要有任何的接觸，後來還鬧出相當多的事情。簡單來說，在那個時候，駐日的盟軍司令部官員享有非常高的社會地位，生活過得很優渥。那些美國大兵甚至說：比我們在美國過的日子好太多了，因為日本人把我們伺候得太好了。他們的房子徵用自過去日本上層階級的房子，有大批的日本的僕人照料他們的生活起居，而且薪資全部都由日本政府支付。很多人都至少有兩位廚子，一位煮西餐，一位煮日本料理。

這就是美國那時在日本所進行的計畫，完完全全的殖民主義，高高在上地，但卻徹底征服了當地人。美國在日本所進行的計畫範圍之廣、雄心之大，很令人震驚。某位歷史學家曾說，美國曾經著手其他占領軍都沒有做過的事情，徹底地改造一個戰敗國的政治、社會、文化、經濟結構，而且過程當中完全改變這個國家幾千年的傳統，包括人民的思維方式。

第五講

從此，美國第一

二次大戰讓英國變成一個乞丐國，美國趁機踹了大英帝國一大腳。當凱因斯被派去向美國求援，卻碰了一鼻子灰，此時英國人才了解「沒有什麼事比當窮親戚更窩囊的」。

前面我們提到杜魯門的平凡，提到他如何在匆忙之中接下羅斯福留給他的總統職務。短短四個月之內，他就對日本丟了兩顆原子彈，結束二次世界大戰。不過，如果要了解杜魯門，除了了解他的出身，還必須了解杜魯門的核心價值觀。杜魯門年輕時參加過3K黨，3K黨在密蘇里州是很有影響力的，他參加目的是為了選舉，可是他並沒有真的反對3K黨。杜魯門就是一個務實與理想的分裂者。

杜魯門早年其實是一個種族歧視者，他認為亞洲人就應該回到自己的國家；中國佬是最不誠實的人，應該回到自己的國家。歐洲人應該回到自己的國家，墨西哥人應該回到自己的國家。他討厭紐約，因為他認為紐約是被猶太人所控制的城市。另一方面，他又想變成一個世界主義者。他想輸出美國價值，把美國變成一個強國，而且要超越羅斯福時代，所以他開始了杜魯門主義，因此改變了世界的格局。

也因為這樣，杜魯門在一九四六年狠狠地修理了大英帝國。早在一九四五年的七月，英國人因為工黨的一場政治謊言神經兮兮地把邱吉爾趕下台，最後選舉的結果，工黨大勝，邱吉爾所屬的保守黨大敗，當時工黨的口號是：「我們是戰勝國，為什麼變成乞丐國，還在糧食配給？」

戰爭結束之後，英國還是實施糧食配給，到了一九四六年的二月，英國境內最不受歡迎的人是六十七歲的史密斯（Ben Smith），他是工黨的糧食大臣，史密斯每天都得開記者會宣布：「配給多少麵包，配給多少品脫奶，配給多少……」工黨靠謊言上台，但還是變不出糧食，於是投票給他們的人民後悔了，到處示威，海報上寫「餓死史密斯」。英國人就這樣鬧哄哄將近一年之後才覺醒，發現趕走邱吉爾是一件荒唐的

1946 年第二次世界大戰後，英國街頭漫長的配糧隊伍。

事情，大部分英國人也直到一年後才知道自己的國家破產了。

英國在一九四六年是什麼情況？在二次大戰之前，英國是世界上最大的債權國，但一九四六年的英國變成世界上最大的債務國！英國保住了自己的國土，沒有被納粹擊敗，在戰爭時期多數時刻獨自對抗強敵德國；直到一九四一年底美國加入。二次世界大戰耗掉英國超過四分之一的總財富，在那個時候英國迫於情勢，邱吉爾借了很大筆錢，賣掉非常多的海外資產，取得戰爭所需的物資及糧食。到了戰爭末期，英國背負的債務是三十五億英鎊，大約是一四〇億美元，這在當時簡直是天文數字。

英國最有名的經濟學家，也是世界上處理大蕭條最有名的經濟學家凱因斯曾說：「英國的負債讓英國根本撐不過五年。」而且他處理大蕭條的經驗，判斷英國人要花非常多年才能夠擺脫糧食進口的處境，英國的外匯存底已經蕩然無存，大家都不知道從哪裡找得到錢。凱因斯因此被艾德禮首相派到美國當特使，向杜魯門低聲下氣借錢。

其實這件事情完全就是一個誤會，是一個英國佬對美英情感的誤會。英國老一輩的人以為凱因斯挽救過美國大蕭條，美國會很歡迎他。

其實我曾經閱讀過大蕭條史，當年凱因斯和羅斯福總統見面時，兩個人對彼此的印象都不好，凱因斯罵羅斯福「連數學都不懂」；羅斯福罵凱因斯「這個英國人的頭長得像驢子一樣」。這兩人感情並不好，根本沒有什麼「凱因斯是美國的國師」這件事。

但為什麼會有這場誤會呢？因為凱因斯並不放棄，他到波士頓找哈佛與麻省理工學的經濟學家。他請這些經濟學家至他下榻的波士頓旅館，商研如何挽救大蕭條危機的核心——美國，進而全球才不會被大蕭條拖垮。他探聽到羅斯福許多的挽救大蕭條計畫都是請教哈佛大學與麻省理工學院的經濟學家建議的；這些經濟學菁英不只是在大蕭條時代影響美國，後來美國製造原子彈時，兩大學校的校長也都在特別委員會裡。凱因斯對這兩大學校的經濟學家給了很多意見，這些經濟學家每個禮拜都搭火車到華府見羅斯福。

英國人渾然不知，凱因斯影響羅斯福的「新政」其實是非常間接的。艾德禮首相也太天真，才會派凱因斯到美國當特使，他以為以凱因斯之前對美國的貢獻，以及英美堅定的盟友關係，凱因斯會受到熱情的歡迎。結果當然是大失所望。

當杜魯門主義崛起的時刻，他第一個出手修理的對象不是蘇聯，而是一九四六年的英國。凱因斯到了華府後，原來的計畫是希望美國人無條件送給他們十五億英鎊的餽贈、三十五億英鎊的無息貸款，其中他們準備用無息貸款三十五億拿來還債，十五億英鎊的餽贈拿來重建英國。美國的回答非常直接，「抱歉」「NO！」杜魯門根本不肯見他，只派出國務卿。國務卿的回答是：「既沒有饋贈也沒有無息貸款，我們要求2%的利息，總數三十七億五千萬的英鎊的借款。」英國需要五十億，美國不借他五十億，只借三十七億五千萬，而且還要付利息。還債之後，英國的重建經費只剩下兩億五千萬，英國首相當然很氣憤。

美國的第二、第三、第四、第五個條件更狠。接下來的五十年裡，英國必須以「美元」支付借款還債，不可以用英磅計算；第三個條件還要經過美國國會的批准；第四個條件是，在這個協議的附屬細則裡頭，要求英國必須廢除大英國協內部帝國特惠制，意思就是取消大英帝國內的自由貿易特惠關稅。第四條件等於宣告大英國協正式瓦解！

最後一個條件最狠，必須在談定借款後的一年內，英鎊成為可自由兌換的貨幣，英國不可以操作匯率。

果然一年以後，如外界預期出現了英鎊拋售潮，英鎊大幅貶值。英鎊拋售潮耗掉英國借來的這筆錢的70％。一九四六年的英國人心裡非常怨恨，認為美國人，條件這麼嚴苛。美國人卻認為已經很慷慨啦，借你錢，還不知道感激。那個時候有一個非常著名的英國政治家叫作哈羅德．沃森（Harold Watson），他在工黨的內閣裡頭只是次要的閣員，他淒厲的談英美關係：「沒有什麼事比當窮親戚更窩囊的。」

不要以為只有川普講話很難聽，當時的杜魯門政府講話更難聽：「乞丐沒有挑三揀四的權利！」當時的英國是個拉不下臉承認自己是乞丐的國家，英國財政大臣非常不喜歡這樣的條件，但英國還有別的選擇嗎？一九四六年英國下議院辯論這筆借款的時候，連執政的工黨都有二十三個人投票反對。但是沒有多久，所有人都不得不接受現實，這筆借款後來被稱為「美國對英國的經濟侵略」，其實這就是二次世界大戰之後美國的核心思想——美國優先，打敗統治十九世紀的大英帝國。

美國境內也有很多人反對這筆借款，英國人聽了更不高興！《經濟學人》雜誌在社論裡講出很多人的心聲：

如今英國除了接受美國的提議，我們沒有別的路可以走，但我們沒有必要昧著良心說我們喜歡他們，我們不喜歡我們現在的貧困，這直接對應了一件事，我們最早開戰，我們打得最久，我們打得賣力。從道德的角度我們是對的，但從現實的角度，我們得每年支付一億四千萬美元直到二十世紀結束。如果從正義的角度來講，從挽救英國的角度來說，不見得是沒有道理。

那時有一本左派的社會主義雜誌《新政治家》（*New Statesman*），提出的觀點則是：「很清楚，美國不讓英國成為世界上最有影響力的國家的心態，他們可以如願了。」

但在美國，也有好幾個反對借款的聲音。杜魯門親自出馬為這個的案子賣力遊說。他的看法是，如果不把這筆錢給英國，也會給美國帶來更大的煩惱；如果依英國所提出的條件直接給他錢，那美國等於在扶植自己的競爭對手。所以在那時，貸款拖了很久——從一九四五年底聖誕節之前凱因斯拜訪美國，一直拖到一九四六年的春天。一直拖，英國財政太拮据了，英國陸軍部考慮石油成本，於是開始取消海軍在中東的演習，英國政府已經處於破產絕境。這時候凱因斯告訴艾德禮首相，必須削減帝國的揮霍，英國必須放棄帝國大半的殖民領地，畢竟經營這樣的帝國無利可圖，殖民地消耗英國的財力，英國根本養不起海外軍隊。

當時英國的國債有一大部分來自於非洲、中東，尤其是印度的支出。為什麼？因為當地的抗爭不斷，所以軍隊就得不斷鎮壓當地的抗爭，獨立運動從各地崛起。這點其實早在邱吉爾二十六歲當英國國會議員時就已經預言。二十世紀初始，保守黨很生他的氣；可是打完二次世界大戰，邱吉爾的預言完全浮上檯面。凱因斯計算過，要維持帝國的安定，一年要花掉十四億英鎊，而英國當時根本就負債啊！

其實不要講一九四六年，到今天英國會脫歐，就是因為英國人根本沒有真正的放棄輝煌帝國的認知。在二次世界大戰前，英國的軍費一年是一千六百萬英磅，戰爭開打兩年後是兩億英鎊。一九四六年的時候，英國有一二五萬的兵員，儘管比起二戰正熱時的五百萬兵員已經少了很多，但是他們必須駐軍在大西洋、地中海、印度洋，設在香港的基地，設在西印度群島到亞丁、馬來西亞等十二個國家基地，各地軍費加起來，英國國內的財政拮据，根本付不出錢來。

杜魯門一方面很了解他必須藉機一舉消滅大英帝國，一方面他也不能讓英國真的倒下，他仍然非常需要這個友邦。**戰爭使所有人都變得非**

1945 年 11 月，美國總統杜魯門和英國總理艾德禮握手合影，登上《新聞周刊》封面

常地理性，非常地堅強，也非常地無情。其實不了解歷史的人可能很難理解，今天美國的很多思考從哪裡來，我剛剛說二戰後美國貸款給英國的這一段故事，其實就跟現在美國和全世界的關係很像，即使七十年後基本上沒有什麼太大的差別。

當英國決定削減「帝國揮霍」之後，撤軍了，大英帝國的殖民地也紛紛獨立。後來我們看到有人很傻很笨地以為這是大英帝國的仁慈，NO！其實英國已經沒有軍費可以維持軍隊了，在中東很多國家就開始一個一個獨立。很多東南亞國家，包括印度獨立，緬甸獨立，斯里蘭卡等也紛紛獨立了。

我曾經想過：緬甸的國父是翁山蘇姬的爸爸翁山將軍嗎？印度的國父是甘地嗎？**如果沒有無情的杜魯門總統，很可能英國的殖民還可以撐一段時間！**所以誰是這些地區的獨立之父呢？

是的，這些殖民地內有獨立運動，有不合作運動，但是沒有美國最後這一刀，英國是不會放棄的。杜魯門在二次世界大戰後，很清楚要讓美國成為世界唯一霸權，第一個要打下來的對象就是在一九四六年前全世界最大的國家，那個國家統領了十九世紀最大的帝國，他的名字叫做

「大英帝國」。

讓我在這裡做一個關於杜魯門的總結：為什麼一開始沒有人看好杜魯門？甚至在他競選總統連任的時候，也還相當地辛苦？他不斷地被嘲笑平凡、無趣，直到一九六〇、一九七〇年代，歷史學家才開始說他是「美國偉大的總統之一」？

你可以理解嗎？如果不看他講話，不看他長相，只閱讀杜魯門做的事情，他如何樹立「美國優先」與「美國霸權」的角色，就可以想像他絕不平凡。**所以，評價一個歷史人物和政治人物不能光從他的表面、他的語言以及他假裝出來的情緒去理解他，要看他怎麼辦事，怎麼做事。**這正是民主政治，尤其電視出現之後，我們理解一名政治人物時，最容易犯的錯。

我也不知道，如果沒有羅斯福的光芒在前面，杜魯門突然接下總統這個職位，會不會決策那麼快？杜魯門會不會為了證明他不是草包，如此清楚地去改變美國傳統外交政策？歷史其實有很多偶然。我們不了解，也不知道，我們只知道那個被叫「來自密蘇里州，可能來自一個種花生的家庭，一個不怎麼樣的平凡小孩」。他，真的改變了歷史。

圖片來源

Alamy：P.15、P.123、P.187、P.199、P.259、P.299、P.307、P.314

美聯社：P.17、P.22、P.34、P.38、P.42、P.55、P.88、P.97、P.114、P.120、P.126、P.152、P.154、P.157、P.169、P.206、P.215、P.220、P.227、P.229、P.234、P.242、P.265

路透社：P.30、P.162、P.166

維基共享：P.18、P.19、P.27、P.28、P.46、P.49、P.51、P.58、P.60、P.66、P.68、P.72、P.73、P.74、P.75、P.83、P.95、P.102、P.104、P.110、P.116、P.121、P.127、P.129、P.133、P.136、P.144、P.148、P.156、P.172、P.173、P.174、P.177、P.178、P.181、P.182、P.185、P.191、P.193、P.194、P.209、P.210、P.212、P.225、P.228、P.231、P.236、P.237、P.239、P.243、P.247、P.251、P.253、P.262、P.267、P.269、P.271、P.278、P.281、P.283、P.284、P.288、P.291、P.293、P.301

地圖繪製：邱方鈺

文茜說世紀典範人物之二：從平凡到不平凡的
：梅克爾、羅斯福夫人、杜魯門 / 陳文茜著 . --
初版 . -- 臺北市：遠流出版事業股份有限公司，
2022.04
面；　公分
ISBN 978-957-32-9188-6(平裝)

1.CST:　梅　克　爾 (Merkel, Angela, 1954-)
2.CST:　羅 斯 福 (Roosevelt, Eleanor, 1884-
1962) 3.CST: 杜魯門 (Truman, S. Harry, 1884-
1972) 4.CST: 世界傳記
781　　　　　　　　　　　110009185

國家圖書館出版品預行編目（CIP）資料

文茜說世紀典範人物之二

從平凡到不平凡的——
梅克爾、羅斯福夫人、杜魯門

作　　者　陳文茜
總監暨總編輯　林馨琴
資深主編　林慈敏
編務執行統籌　楊伊琳
行銷企畫　陳盈潔
內頁圖片　維基共享、達志影像
封面設計　ayen
內頁排版　賴維明

—

發 行 人　王榮文
出版發行　遠流出版事業股份有限公司
地　　址　台北市中山區中山北路一段 11 號 13 樓
客服電話　02-2571-0297
傳　　真　02-2571-0197
郵　　撥　0189456-1
著作權顧問　蕭雄淋 律師

—

2022 年 4 月 1 日　初版一刷
2022 年 4 月 15 日　初版二刷
新台幣 400 元（如有缺頁或破損，請寄回更換）

—

ISBN　978-957-32-9188-6

—

遠流博識網　http://m.ylib.com/
E-mail　ylib@ylib.com

—

本書版稅收入全數捐贈佛教慈濟基金會疫苗慈善專案